Fren
for Ju

Succès au Brevet

2nd Edition

Geraldine McQuillan and Marie Stafford

Edco

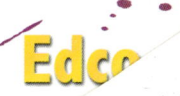

First published 2011

The Educational Company of Ireland
Ballymount Road
Walkinstown
Dublin 12
www.edco.ie

A member of the Smurfit Kappa Group plc

© Geraldine McQuillan and Marie Stafford, 2011

All rights reserved. No part of this publication may be reproduced, stored in a retrieval system, or transmitted in any form or by any means, electronic, mechanical, photocopying, recording or otherwise, without either the prior permission of the Publisher or a licence permitting restricted copying in Ireland issued by the Irish Copyright Licensing Agency, 25 Denzille Lane, Dublin 2.

ISBN 978-1-84536-394-9

Editor: Frances Reynolds
Proofreaders: Danièle Bourdais, Isabelle Lemée
Design and Layout: Design Image
Cover Photography: Fotolia
Photographs: Alamy, Getty, iStock, Reuters, Rex Features, Shutterstock
Illustrations: Peter Donnelly, Helmut Kollars

Teacher's CDs and script available from The Educational Company of Ireland

Speakers: Brice Barbier, Manon Lefebvre, Diane Mechani, Edward McDonagh, Emily Nolan, Renaud Puyou
Recorded in The Base Recording Studio

Acknowledgements: *Les Clés de l'Actualité Junior*; *Le Figaro*; *Harmonie*; *Julie*; *Marseille Plus*; *Le Monde des ados*; *Mon Quotidien*, le quotidien d'actualité dès 10 ans, www.playbac.fr; *Onze*; Parc Alexis Gruss; *Passion Sports*; *Star Club*; *Télé Loisirs*; *Wapiti*.

While every care has been taken to trace and acknowledge copyright, the publishers tender their apologies for any accidental infringement where copyright has proved untraceable. They would be pleased to come to a suitable arrangement with the rightful owner in each case.

Web references in this book are intended as a guide for teachers. At the time of going to press, all web addresses were active and contained information relevant to the topics in this book. However, The Educational Company of Ireland and the authors do not accept responsibility for the views or information contained on these websites. Content and addresses may change beyond our control and pupils should be supervised when investigating websites.

06J15

Preface

Succès au Brevet has been written to help you prepare thoroughly for your Junior Certificate Examination. It provides additional practice in all aspects of the paper, so that you become accustomed to the form and style of the paper before you sit the examination.

- You may use it on its own, or in conjunction with any other textbook and past examination paper.

- It includes questions suitable for **both Higher and Ordinary Level** students.

- The book deals with the three aspects of the paper: **Listening**, **Reading** and **Writing**.

- It gives you **access to materials** you may not have come across in your textbooks.

- It familiarises you with the **type of questions** you will meet on the actual paper.

- It gives you **tips** for dealing with each section of the paper.

The book is divided into four main sections:

- **Section 1** deals with the **Listening Comprehension** section of the paper. Using the CD, there are eight complete tests for you to work on.

- **Section 2** deals with the **Reading Comprehension** section of the paper. There are fifteen complete papers for you to work on.

- **Section 3** deals with **Written Expression**. There are lists of phrases and sentences to help practise the different tasks you may come across on the paper. There are lots of sample questions for you to work on.

- **Section 4** contains a brief summary of the main **grammar points** you will need for the exam. There are exercises for you to practise these points.
  Also included is a table of common **irregular verbs** needed for the Written Expression section of the exam.

Bonne chance à vous tous!

Table of Contents

LISTENING COMPREHENSION — 1

About the Listening Comprehension	2
Paper One	3
Paper Two	8
Paper Three	13
Paper Four	18
Paper Five	23
Paper Six	28
Paper Seven	33
Paper Eight	38
To sum up the Listening Comprehension	43

READING COMPREHENSION — 45

About the Reading Comprehension	46
Paper One	47
Paper Two	56
Paper Three	64
Paper Four	74
Paper Five	82
Paper Six	90
Paper Seven	98
Paper Eight	106
Paper Nine	114
Paper Ten	122
Paper Eleven	130
Paper Twelve	140
Paper Thirteen	150
Paper Fourteen	158
Paper Fifteen	166
To sum up the Reading Comprehension	174

WRITTEN EXPRESSION 175
About the Written Expression 176
Informal Letters 178
Practice Questions 194
Formal Letters 196
Practice Questions 202
Postcards 204
Practice Questions 211
Notes/Message/E-mails 212
Practice Questions 217
To sum up the Written Expression 218

GRAMMAR SUMMARY 219
About the Grammar Summary 220
Les articles (*articles*) 221
Les adjectifs (*adjectives*) 224
Les adverbes (*adverbs*) 229
Les noms (*nouns*) 232
Les verbes (*verbs*) 234
Les phrases négatives (*negative sentences*) 247
Les prépositions (*prepositions*) 249
Les pronoms (*pronouns*) 252
Poser des questions (*asking questions*) 258
To sum up the Grammar 262

Table of Verbs 263

CD Track List

CD 1 – Papers One to Four

Paper One
Section A	Tracks 1–4
Section B	Tracks 5–7
Section C	Tracks 8–13
Section D	Tracks 14–18
Section E	Tracks 19–24

Paper Two
Section A	Tracks 25–28
Section B	Tracks 29–31
Section C	Tracks 32–37
Section D	Tracks 38–42
Section E	Tracks 43–48

Paper Three
Section A	Tracks 49–52
Section B	Tracks 53–55
Section C	Tracks 56–61
Section D	Tracks 62–66
Section E	Tracks 67–72

Paper Four
Section A	Tracks 73–76
Section B	Tracks 77–79
Section C	Tracks 80–85
Section D	Tracks 86–90
Section E	Tracks 91–96

CD 2 – Papers Five to Eight

Paper Five
Section A	Tracks 1–4
Section B	Tracks 5–7
Section C	Tracks 8–13
Section D	Tracks 14–18
Section E	Tracks 19–24

Paper Six
Section A	Tracks 25–28
Section B	Tracks 29–31
Section C	Tracks 32–37
Section D	Tracks 38–42
Section E	Tracks 43–48

Paper Seven
Section A	Tracks 49–52
Section B	Tracks 53–55
Section C	Tracks 56–61
Section D	Tracks 62–66
Section E	Tracks 67–72

Paper Eight
Section A	Tracks 73–76
Section B	Tracks 77–79
Section C	Tracks 80–85
Section D	Tracks 86–90
Section E	Tracks 91–96

Note: To **rewind** within a track, press and hold down the '**Previous**' button `<<` on your CD player. To **fast forward** within a track, press and hold down the '**Next**' button `>>`.

listening comprehension

About the Listening Comprehension

The Listening Comprehension is the first part of your examination.
It takes 35–40 minutes.

Level	Marks	% of total exam
Higher	140	45%
Ordinary	140	45%

What will I hear?

There are **five sections** in the Listening Comprehension test.
- **Section A:** You will have to **identify what is going on in three different conversations**. You will be given **five** options from which to choose your answer. You will hear each conversation **twice**.
- **Section B:** You will be asked to fill in **grids with personal details** about **two people**, one male and one female. You will hear each of these conversations **three times**.
- **Section C:** You will hear **five separate items**, which may involve asking for information, making a purchase, spelling a name, figures/prices, making a booking. You will hear each item **twice**.
- **Section D:** You will hear a **long conversation**. You will hear it played right through, then in segments with a pause after each segment and then right through again. Altogether, you will hear this conversation **three times**.
- **Section E:** You will hear **five short news items**, usually including a weather forecast and a sports report. You will hear each news item **twice**.

How can I prepare for this part of the examination?

- **Listen** to as much French as you can beforehand. Go through all the past exam papers you can in class or at home. Use the tests in this book for extra practice. Use the CD which goes with your textbook.
- **Revise** the French alphabet, numbers, street directions, personal traits, months, days and weather details (see website for useful vocabulary lists).
- **Listen** to some French the evening before the exam. Have some French on your iPod.
- **Watch** TV5 channel, if you have access to it.

During the exam

- **Underline** key question words before you hear the passage: 'who …?' 'where …?', etc.
- **Jot down** notes for yourself on the first playing. Use the gaps in the test to write full answers.
- **Remember!** Don't answer in French! Answer in **English** or **Irish**.
- **Write one answer only** if there is a multiple choice question.
- **Don't leave a blank space.** A partial answer may get you some marks.
- **Read through your answers** before the end of the examination to make sure you have left no gaps. If you wrote down a word in French, translate it into English.

2

deux

Paper One

Section A

Your examination will start with **three** conversations. In the case of each conversation say whether it is about

(a) visiting a tourist office
(b) buying a train ticket
(c) making an appointment at the doctor's
(d) asking for directions
(e) buying food

You will hear each conversation **twice**. You may answer the question after either hearing. Give the answer by writing a, b, c, d or e in the appropriate box.

(i) First conversation

(ii) Second conversation

(iii) Third conversation

Section B

You will now hear **two** people introducing themselves, first Chloé and then Noé. Each of the recordings is played **three** times. Listen and fill in the required information on the grids at **1** and **2** below.

1 First speaker: Chloé

Name:	*Chloé*
Age:	
Hair (**one** detail):	
Location of apartment:	
Father's job:	
Favourite subject at school:	
Where she went last summer:	
One thing she did there:	
When Aisling visited her:	

2 Second speaker: Noé

Name:	*Noé*
Birthday:	
One detail about his brother André:	
Mother's job:	
How he gets to school:	
Instrument played:	
Where his friend Olivier lives:	
Country visited last year:	

quatre

Section C

You will now hear **five** separate conversations. Each one of them will be played **twice**. Listen carefully and answer the questions below.

1   First conversation

(a) Why was Christine late for school today?

_____

_____

(b) However, what piece of good luck did she have?

_____

2   Second conversation

(a) For what event does Madame Appéré wish to book a room?

_____

(b) How many people have been invited?

_____

3   Third conversation

(a) What does the man wish to buy?

_____

(b) Write down his name. Write one letter in each box.

		T				

4   Fourth conversation

(a) On what day is Paul going to meet Suzanne?

_____

(b) Where are they going to meet?

_____

5   Fifth conversation

(a) What has Pascal mislaid?

_____

(b) Where does his mother suggest he might look?

_____

cinq

Section D

Nicolas is talking to Marine. You will hear their conversation **three times**, first in full, then in **four segments** with pauses after each segment, and finally right through again. Answer the questions below.

1 First segment

(a) Where is Marine's mother at present?

_____

(b) Apart from being shocked, what is wrong with her?

_____

2 Second segment

(a) What was her mother doing when the incident occurred?

_____

(b) Where does her mother have to go this afternoon?

_____

3 Third segment

(a) Where is Marine's father at present?

_____

(b) What **two** things does Nicolas say he will do for Marine?

(i) _____

(ii) _____

4 Fourth segment

(a) What was Nicolas about to do when he met Marine?

_____

(b) Why does he need her mobile phone number?

_____

(c) Write down the rest of Marine's phone number.

| 06 | 59 | | | |

Section E

Your listening test will end with **five** short news items from French radio. Each item will be played **twice**. Listen carefully and answer the questions below.

1 First item
(a) When did the American Minister of Transport visit France?

_____

(b) What form of transport was he looking at?

_____

2 Second item
(a) Why were these people forced to leave their homes?

_____

(b) Where were they given temporary accommodation?

_____

3 Third item
(a) When did the opening of the *Aréna* centre in Montpellier take place?

_____

(b) How many people can it accommodate for live shows?

_____

4 Fourth item
(a) How many gold medals did the French fencing team win last weekend?

_____

(b) Where did the competition take place?

_____

5 Fifth item
From the list of words given below, select **one** word which best describes the weather in **each** of the areas mentioned.

Foggy	Windy	Cold	Cloudy	Wet	Thunder

(i) The Atlantic coast: _____

(ii) The north of France: _____

sept

Paper Two

Section A

Your examination will start with **three** conversations. In the case of each conversation say whether it is about

(a) booking a room in a hotel
(b) buying clothes
(c) buying a birthday present
(d) a cinema booking
(e) making an apology

You will hear each conversation **twice**. You may answer the question after either hearing. Give the answer by writing a, b, c, d or e in the appropriate box.

(i)   First conversation   ☐

(ii) Second conversation   ☐

(iii) Third conversation   ☐

huit

Section B

You will now hear **two** people introducing themselves, first Alexis and then Lisette. Each of the recordings is played **three** times. Listen and fill in the required information on the grids at **1** and **2** below.

1 First speaker: Alexis

Name:	Alexis
Birthday:	
Number of sisters:	
What his sister Sophie is studying:	
His mother's job:	
Subject he does **not like** at school:	
Reason for going to New York:	
What he does at the weekend:	

2 Second speaker: Lisette

Name:	Lisette
Age:	
When she sees her father:	
One detail about her appearance:	
What interest she shares with her friend, Rachel:	
What they do on Saturdays:	
What Rachel gave her for her birthday:	
Type of film liked:	
Holiday plans for this summer:	

Section C

You will now hear **five** separate conversations. Each one of them will be played **twice**. Listen carefully and answer the questions below.

1 First conversation

(a) What part of her body has this woman injured?

_____

(b) When is the appointment made for?

_____

2 Second conversation

(a) Give **two** details about the train ticket this man buys.

_____

(b) From which platform is the train leaving?

_____

3 Third conversation

(a) What does Luc's mother ask him to do?

_____

(b) What excuse does he give for not doing the task?

_____

4 Fourth conversation

(a) Why is Suzanne not at home when Paul telephones?

_____

(b) At what phone number can Paul contact her?

| 06 | 44 | | | |

5 Fifth conversation

(a) Where does this tourist wish to go?

_____

(b) What is the easiest way to get there?

_____

dix

Section D

Laure and Olivier meet by chance. You will hear their conversation **three times**, first in full, then in **four segments** with pauses after each segment, and finally right through again. Answer the questions below.

1 First segment

(a) How long did Olivier spend in Ireland?

_____

(b) For what particular reason did he go there?

_____

2 Second segment

(a) How many days were given over to sporting activities?

_____

(b) Name **one** thing Olivier says about hurling and camogie.

_____

3 Third segment

(a) What **two** sports did the French teenagers teach the Irish?

(i) _____

(ii) _____

(b) What type of weather were they expecting in Ireland?

_____

4 Fourth segment

(a) What does Olivier say about Mrs. Keogh?

_____

(b) What was the **biggest** difference between the French and Irish teenagers?

_____

(c) When will Olivier and Laure meet again?

_____

Section E

Your listening test will end with **five** short news items from French radio. Each item will be played **twice**. Listen carefully and answer the questions below.

1 First item

(a) When did the Prime Minister make the announcement?

_____

(b) Name **one** of the items which will be improved.

_____

2 Second item

(a) Apart from the school bus, what other vehicle was involved in the accident?

_____

(b) Where did the school bus end up?

_____

3 Third item

(a) What unusual weather was experienced on the tropical island of La Réunion?

_____

(b) How many people gathered to see the event?

_____

4 Fourth item

(a) Where are these championships taking place?

_____

(b) Why is the French champion Émilie Le Pennec not taking part?

_____

5 Fifth item

From the list of words given below, select **one** word which best describes the weather in **each** of the areas mentioned.

| Cloudy | Overcast | Sunny | Wet | Windy | Stormy |

(i) Mediterranean coast: _____

(ii) Brittany: _____

douze

Paper Three

Section A

Your examination will start with **three** conversations. In the case of each conversation say where it takes place.

(a) a school canteen
(b) a post office
(c) a bus station
(d) a gift shop
(e) a restaurant

You will hear each conversation **twice**. You may answer the question after either hearing. Give the answer by writing a, b, c, d or e in the appropriate box.

(i) First conversation

(ii) Second conversation

(iii) Third conversation

treize

Section B

You will now hear **two** people introducing themselves, first Marianne and then Robert. Each of the recordings is played **three** times. Listen and fill in the required information on the grids at **1** and **2** below.

1   First speaker: Marianne

Name:	*Marianne*
Birthday:	
What type of house she lives in (**one** detail):	
Two details about her bedroom:	(i) (ii)
A pet the family has:	
What she hates about her brother's pet:	
Favourite sport:	
Dream for the future:	

2   Second speaker: Robert

Name:	*Robert*
Age:	
Two details about his appearance:	(i) (ii)
One activity he does during the winter:	
Where he hopes to go next year:	
Part-time job:	
How many hours does he work?	

Section C

You will now hear **five** separate conversations. Each one of them will be played **twice**. Listen carefully and answer the questions below.

1 First conversation

(a) What happened to the boy's sports bag?

_____

(b) Name **one** item which was in the bag.

_____

2 Second conversation

(a) What have these young people been doing?

_____

(b) Where are they going to meet up?

_____

3 Third conversation

(a) For how long does this family wish to stay?

_____

(b) What are they doing tomorrow?

_____

4 Fourth conversation

(a) What information does this woman need?

_____

(b) Where is the restaurant located?

_____

5 Fifth conversation

(a) Why does this girl telephone the supermarket?

_____

(b) Spell her surname. Write **one** letter in each box.

		R				D	

quinze

Section D

Bernard telephones Marine because he needs her advice. You will hear their conversation **three times**, first in full, then in **four segments** with pauses after each segment, and finally right through again. Answer the questions below.

1 First segment

(a) What's the problem with Bernard and his girlfriend, Juliette?

_____

(b) What caused the problem?

_____

2 Second segment

(a) Name **one** of the things Bernard did to try and solve the problem.

_____

(b) Marine suggests that Bernard do **two** things immediately. What are they?

(i) _____

(ii) _____

3 Third segment

(a) In what other way does Marine offer to help Bernard?

_____

(b) Where will they go?

_____

(c) What is Juliette's favourite colour?

_____

4 Fourth segment

(a) Where exactly is the shop situated?

_____

(b) What will they do afterwards?

_____

seize

Section E

Your listening test will end with **five** short news items from French radio. Each item will be played **twice**. Listen carefully and answer the questions below.

1 First item

(a) What age was this driver?

(b) What sentence did she receive?

2 Second item

(a) What item from the *Titanic* was sold?

(b) Why did the family want to sell it?

3 Third item

(a) In how many cities will these special parking machines be installed?

(b) When will they send a text to the police?

4 Fourth item

(a) What type of medal did this young French gymnast win?

(b) How many European championship medals has she now won?

5 Fifth item

From the list of words given below select **one** word which best describes the weather in **each** of the areas mentioned.

Overcast	Warm	Windy	Wet	Stormy	Downpour

(i) The Atlantic coast: _____

(ii) The Alpes Maritimes: _____

dix-sept

Paper Four

Section A

Your examination will start with **three** conversations. In the case of each conversation say whether it is about

- (a) inviting someone to the cinema
- (b) borrowing something
- (c) going to a match
- (d) asking for help
- (e) cancelling an arrangement

You will hear each conversation **twice.** You may answer the question after either hearing. Give the answer by writing a, b, c, d or e in the appropriate box.

(i) First conversation

(ii) Second conversation

(iii) Third conversation

18

dix-huit

Section B

You will now hear **two** people introducing themselves, first Mathilde and then Erwan. Each of the recordings is played **three** times. Listen and fill in the required information on the grids at **1** and **2** below.

1   First speaker: Mathilde

Name:	*Mathilde Hervé*
Birthday:	
Family:	(i) Brothers: (ii) Sisters:
Place in family:	
Why living in Limerick:	
One thing she likes about Limerick:	
What they do on Sundays:	
When parents visited her:	

2   Second speaker: Erwan

Name:	*Erwan Appéré*
Age:	
Age of his baby niece:	
How he travels to work:	
Plans for next summer:	
Reason for this journey:	
One pastime:	
Where his team lies at present:	

Section C

You will now hear **five** separate conversations. Each one of them will be played **twice**. Listen carefully and answer the questions below.

1 First conversation
(a) What is this boy buying?

_____

(b) What size does he want?

_____

2 Second conversation
(a) What does this man order as a main course?

_____

(b) Why is he in a hurry?

_____

3 Third conversation
(a) Why does this lady telephone the vet?

_____

(b) At what time will the vet see the animal?

_____

4 Fourth conversation
(a) Why can Léon not meet Isabelle as arranged?

_____

(b) Where will they meet?

_____

5 Fifth conversation
(a) When does this woman wish to travel?

_____

(b) Complete the telephone number she is given.

04	84			

vingt

Section D

Damien meets his friend Noémie at the start of the school holidays. You will hear their conversation **three times**, first in full, then in **four segments** with pauses after each segment, and finally right through again. Answer the questions below.

1 First segment

(a) What is Noémie looking forward to most about the holidays?

_____

(b) Name **one** disadvantage there is to living in the country.

_____

2 Second segment

(a) How often does Damien go to swimming training?

_____

(b) Name **one** way he gets there.

_____

(c) Why does he have to train so much?

_____

3 Third segment

(a) What is Damien's dream?

_____

(b) Where does his cousin Raphaël live?

_____

(c) What does Raphaël's father do there?

_____

4 Fourth segment

(a) Name **one** of the things that Noémie and her friends have planned to do.

_____

(b) When will Damien get in touch with her again?

_____

Section E

Your listening test will end with **five** short news items from French radio. Each item will be played **twice**. Listen carefully and answer the questions below.

1   First item

(a)   When did this robbery take place?

_____

(b)   Describe the vehicle the police are looking for.

_____

2   Second item

(a)   What animal had been lost?

_____

(b)   How far away was it found?

_____

3   Third item

(a)   Where have these satellites been sent?

_____

(b)   What will the information gathered allow the experts to do?

_____

4   Fourth item

(a)   What happened to the referee?

_____

(b)   What was the final score?

_____

5   Fifth item

(a)   This is the weather forecast for which day?

_____

(b)   Which type of weather best describes what can be expected today in the Massif Central area? Choose **one** of the following options.

| Overcast | Cloudy | Rain showers | Snow | Windy |

_____

22

vingt-deux

Paper Five

Section A

Your examination will start with **three** conversations. In the case of each conversation say whether it is about

(a) meeting someone at the airport
(b) buying a birthday present
(c) reporting a theft
(d) ordering something to drink
(e) going on holiday

You will hear each conversation **twice**. You may answer the question after either hearing. Give the answer by writing a, b, c, d or e in the appropriate box.

(i) First conversation

(ii) Second conversation

(iii) Third conversation

Section B

You will now hear **two** people introducing themselves, first Manon and then Laurent. Each of the recordings is played **three** times. Listen and fill in the required information on the grids at **1** and **2** below.

1 First speaker: Manon

Name:	*Manon Duclos*
Age:	
Where her parents live at present:	
One fact about her school:	
Her favourite subject:	
Which country did she visit with her school last year?	
What she particularly liked about the trip:	
What she says about her grandmother's cooking:	
Why her grandparents spoil her:	

2 Second speaker: Laurent

Name:	*Laurent Dugort*
Month of birth:	
One detail about Strasbourg:	
His job:	
Number of children: (i) Boys: (ii) Girls:	
One weekend activity:	
Usual holiday plans:	
One detail about their dog:	

24

vingt-quatre

Section C

You will now hear **five** separate conversations. Each one of them will be played **twice**. Listen carefully and answer the questions below.

1 First conversation
(a) For which day does the lady want to book tickets?

_____

(b) Spell the woman's name. Write one letter in each box.

2 Second conversation
(a) What does Jérôme want to buy for his computer?

_____

(b) How much does he pay for it?

_____

3 Third conversation
(a) What does Samuel's mother ask him to do?

_____

(b) When will she be home?

_____

4 Fourth conversation
(a) How long is Élodie going to spend in Madrid?

_____

(b) What is she going to do there?

_____

5 Fifth conversation
(a) What information does this man need?

_____

(b) Reason given for the delay?

_____

Section D

Lara telephones Jonathan. You will hear their conversation **three times**, first in full, then in **four segments** with pauses after each segment, and finally right through again. Answer the questions below.

1 First segment

(a) Where has Jonathan found a summer job?

_____

(b) Name **two** tasks he does there.

(i) _____

(ii) _____

2 Second segment

(a) What was Lara's grandmother trying to do when she had an accident?

_____

(b) What part of her body did she injure?

_____

3 Third segment

(a) According to Lara, why is the kitten called *Pomme*?

_____

(b) Name **one** job Lara does for her grandmother.

_____

(c) On what date does Lara ask Jonathan if he is free?

_____

4 Fourth segment

(a) Why is the football tournament being organised?

_____

(b) Why will Jonathan speak to the manager of the supermarket?

_____

Section E

Your listening test will end with **five** short news items from French radio. Each item will be played **twice**. Listen carefully and answer the questions below.

1 First item
(a) What animal has been causing damage at Orly airport?

_____

(b) How many of them were caught last week?

_____

2 Second item
(a) In what part of France did this protest by milk producers take place?

_____

(b) What was the reason for the protest?

_____

3 Third item
(a) What public buildings are opening their doors to young people this week?

_____

(b) Where can you get information on the events?

_____

4 Fourth item
(a) In which country were the European swimming championships held?

_____

(b) What title did the French team win?

_____

5 Fifth item
From the list of words given below, select **one** word which best describes the weather in **each** of the areas mentioned.

| Cloudy | Warm | Rainy | Foggy | Windy | Cold |

(i) Eastern France: _____

(ii) Northern France: _____

Paper Six

Section A

Your examination will start with **three** conversations. In the case of each conversation say whether it is about

- (a) an outing to a waterpark
- (b) an outing to a museum
- (c) having something to eat
- (d) buying shoes
- (e) buying clothes

You will hear each conversation **twice**. You may answer the question after either hearing. Give the answer by writing a, b, c, d or e in the appropriate box.

(i) First conversation

(ii) Second conversation

(iii) Third conversation

Section B

You will now hear **two** people introducing themselves, first Léa and then Christophe. Each of the recordings is played **three** times. Listen and fill in the required information on the grids at **1** and **2** below.

1 First speaker: Léa

Name:	*Léa*
One detail about her city, Menton:	
Number of brothers:	
Age of Raphaël:	
What class she is in:	
One favourite subject:	
Language spoken at home:	
Where her mother works:	
Future career:	

2 Second speaker: Christophe

Name:	*Christophe*
Colour of eyes:	
One detail about his sisters:	
How he travels to school:	
Animal he prefers:	
Type of TV programme he likes:	
Why he went to Paris:	
Plans for next winter:	

Section C

You will now hear **five** separate conversations. Each one of them will be played **twice**. Listen carefully and answer the questions below.

1 First conversation
(a) Why is this woman telephoning the garage?

_____

(b) Where exactly is she?

_____

2 Second conversation
(a) Why was Sandrine not at school today?

_____

(b) For what subject do they have a new teacher?

_____

3 Third conversation
(a) How many people are there in the family?

_____

(b) How long do they wish to stay for?

_____

4 Fourth conversation
(a) Where does the woman need to go by taxi?

_____

(b) Write down her name.

	A				

5 Fifth conversation
(a) Where are Laurent and his friends planning to go tomorrow?

_____

(b) Name **one** item Sophie needs to bring with her.

_____

trente

Section D

Lucie telephones Gérard, who is just home from an exchange trip to Ireland with his school. You will hear their conversation **three times**, first in full, then in **four segments** with pauses after each segment, and finally right through again. Answer the questions below.

1 First segment

(a) When did Gérard get back from Ireland?

_____

(b) How many sisters and brothers does Liam have?

_____

(c) What does Liam's father do for a living?

_____

2 Second segment

(a) What did Gérard find unusual about Liam's school?

_____

(b) What colour

(i) were Liam's trousers? _____

(ii) was Liam's tie? _____

(c) Why did the pupils not like their geography teacher?

_____

3 Third segment

(a) Where did Gérard celebrate Christmas?

_____

(b) Why was it so quiet in Lucie's house this year?

_____

4 Fourth segment

(a) What does Gérard suggest they do to celebrate the New Year?

_____

(b) What can Lucie do to help with the planning?

_____

trente et un

Section E

Your listening test will end with **five** short news items from French radio. Each item will be played **twice**. Listen carefully and answer the questions below.

1 First item
(a) Name **one** item stolen in this robbery.
___

(b) Who do the police want to question?
___

2 Second item
(a) What type of animal is Knut?
___

(b) How much money has the zoo earned because of him?
___

3 Third item
(a) When did this Rubik's Cube championship take place?
___

(b) How many cubes did the winners assemble in 1 minute 54 seconds?
___

4 Fourth item
(a) What happened to the Carcassonne team at last Saturday's football match?
___

(b) What did the coach have to say about the situation?
___

5 Fifth item
From the list of words given below, select **one** word which best describes the weather

| Sunny | Stormy | Foggy | Cloudy | Rain | Cold |

(i) in the morning: ___
(ii) in the afternoon: ___

32

trente-deux

Paper Seven

Section A

Your examination will start with **three** conversations. In the case of each conversation say whether it is about

(a) an animal that is unwell
(b) someone who is unwell
(c) someone who wants to borrow something
(d) someone making an apology
(e) someone making plans for the weekend

You will hear each conversation **twice**. You may answer the question after either hearing. Give the answer by writing a, b, c, d or e in the appropriate box.

(i) First conversation

(ii) Second conversation

(iii) Third conversation

Section B

You will now hear **two** people introducing themselves, first Carole and then David. Each of the recordings is played **three** times. Listen and fill in the required information on the grids at **1** and **2** below.

1 First speaker: Carole

Name:	*Carole*
Age:	
Detail about her house:	
Husband's job:	
Number of children she minds:	
One reason she does this:	
What type of photography she likes best:	
Prize she won last year:	

2 Second speaker: David

Name:	*David*
Birthday:	
Where his father works:	
How he travels to school:	
Where his friend Kevin lives:	
Favourite sport:	
What he won in Lyon:	
Type of film liked:	
Favourite subject at school:	

trente-quatre

Section C

You will now hear **five** separate conversations. Each one of them will be played **twice**. Listen carefully and answer the questions below.

1 First conversation
(a) Why does Louis not know what English homework he has?

(b) What homework did the teacher give?

2 Second conversation
(a) At what time is there a bus for Lille?

(b) What question does the boy ask about the fare?

3 Third conversation
(a) For what event does this girl want her hair done?

(b) Spell her surname. Write one letter in each box.

		L				

4 Fourth conversation
(a) Why is this woman complaining?

(b) If there is no improvement what will she do?

5 Fifth conversation
(a) What amount of tomatoes does this man buy?

(b) Where do the cherries come from?

trente-cinq

Section D

Amélie telephones Éric. You will hear their conversation **three times**, first in full, then in **four segments** with pauses after each segment, and finally right through again. Answer the questions below.

1 First segment
(a) Give **one** reason why Amélie went to the optician's today.

(b) What was the result of her visit?

2 Second segment
(a) What is the topic for the test tomorrow?

(b) What did Marc do with the eraser?

(c) What happened to the teacher?

3 Third segment
(a) What does Éric say about the school principal, Monsieur Bernard?

(b) What punishment did the boys receive?

4 Fourth segment
(a) What good news did their English teacher give them?

(b) Where will they be staying?

(c) Name **one** item they must bring to Madame Rocher by the end of the week.

Section E

Your listening test will end with **five** short news items from French radio. Each item will be played **twice**. Listen carefully and answer the questions below.

1 First item
(a) Name **one** service which will be affected by tomorrow's strike.

_____

(b) What do these workers say about their work?

_____

2 Second item
(a) How many people were trapped in this incident at the Futuroscope?

_____

(b) What did firemen use to help them escape?

_____

3 Third item
(a) What type of visitor does this hotel attract?

_____

(b) Apart from meals, name one other facility that is available to the guests.

_____

4 Fourth item
(a) When did the women's basketball team from Bourges win the French championship?

_____

(b) What was the final score?

Bourges: _____   Tarbres: _____

5 Fifth item
From the list of words given below, select **one** word which best describes the weather in **each** of the areas mentioned.

| Windy | Foggy | Sunny | Rain | Stormy | Snow showers |

(i) South coast of France: _____

(ii) Eastern mountains: _____

Paper Eight

Section A

Your examination will start with **three** conversations. In the case of each conversation say whether it is about

(a) getting information in a railway station
(b) getting information in a tourist office
(c) making plans to go to the cinema
(d) making plans to watch TV
(e) driving on the motorway

You will hear each conversation **twice**. You may answer the question after either hearing. Give the answer by writing a, b, c, d or e in the appropriate box.

(i) First conversation ☐

(ii) Second conversation ☐

(iii) Third conversation ☐

Section B

You will now hear **two** people introducing themselves, first Samuel and then Jasmine. Each of the recordings is played **three** times. Listen and fill in the required information on the grids at **1** and **2** below.

1   First speaker: Samuel

Name:	*Samuel*
Nationality:	
Who he looks like:	
Place in the family:	
Two animals they keep:	(i) (ii)
Musical instrument played:	
One favourite subject at school:	
Plans for the summer:	

2   Second speaker: Jasmine

Name:	*Jasmine*
Age:	
One detail about her hair:	
Other family members:	(i) Brothers: (ii) Sisters:
Her father's job:	
One detail about the weather where she lives:	
One pastime:	
Her dream for the future:	

listening comprehension

trente-neuf

Section C

You will now hear **five** separate conversations. Each one of them will be played **twice**. Listen carefully and answer the questions below.

1 First conversation
(a) Where is this family going?

(b) Name **one** activity available there.

2 Second conversation
(a) Name **one** of Julien's symptoms.

(b) For how long should he stay out of the sun?

3 Third conversation
(a) Where is Manon going?

(b) What does Sophie advise her to bring with her (**one** item)?

4 Fourth conversation
(a) For whom does this boy want to buy a present?

(b) Name **one** item he might buy.

5 Fifth conversation
(a) What does the waiter say about the crab salad?

(b) Why does she not have a glass of wine with her meal?

Section D

Clément meets Élodie at the shopping centre. You will hear their conversation **three times**, first in full, then in **four segments** with pauses after each segment, and finally right through again. Answer the questions below.

1 First segment

(a) Why is Élodie in the shopping centre?

_____

(b) What does her friend Aurélie do on a Thursday?

_____

2 Second segment

(a) Name **two** items sold in the *Cave aux Trésors*.

(i) _____

(ii) _____

(b) What does Élodie suggest he buy for his sister?

_____

3 Third segment

(a) What will Élodie be doing on Saturday afternoon?

_____

(b) What type of films does she like?

_____

(c) Why is Clément's cousin Léon coming for the weekend?

_____

4 Fourth segment

(a) Write down the rest of Aurélie's mobile phone.

| 06 | 58 | | | |

(b) Where is the Italian restaurant?

_____

quarante et un

Section E

Your listening test will end with **five** short news items from French radio. Each item will be played **twice**. Listen carefully and answer the questions below.

1 First item

(a) Apart from the car, what other vehicle was involved in this accident?

_____

(b) How was the traffic affected afterwards?

_____

2 Second item

(a) Where did this fire break out?

_____

(b) How many people were evacuated?

_____

3 Third item

(a) In which country did the Shell Eco-Marathon take place?

_____

(b) What amount of petrol was each entrant allowed to use?

_____

4 Fourth item

(a) For how long was the golf tournament interrupted?

_____

(b) When will the next tournament take place?

_____

5 Fifth item

From the list of words given below, select **one** word which best describes the weather along the French Riviera

| Sunny | Dry | Cloudy | Rain | Stormy | Foggy |

(i) in the morning: _____

(ii) in the afternoon: _____

quarante-deux

To sum up the Listening Comprehension

Tips for your exam

Beforehand
- **Do listen** to as much French as you can beforehand. Use your Edco Exam Papers CD, your textbook recordings, old CDs your family may have. Watch TV5, if you can receive it.
- **Do revise** your numbers, days/months, street directions, physical descriptions, colours, sports/hobbies, clothing, venues, vehicles – see website for vocabulary lists.
- **Do listen to** some French **the evening before** your exam.
- **Don't underestimate** your ability to understand spoken French – you have been listening to recordings from your textbook since you started learning the language.

On the day
- **Do ask immediately** if you can't hear the sample recording clearly.
- **Do read** the **instructions** and **each question** very carefully during the gap provided in the recording.
- **Do underline key question words** – it helps you to focus on the point you need to listen for.
- **Do jot down what you think you heard**, even if it's in French. Use shorthand for this (for example: 'canz ong'. You can translate it later and realise that it was 'quinze ans').
- **Do listen** to the **tone of voice** of the speaker – it may help you, e.g. cross voice (could be making a complaint/giving out), faint voice (could be ill).
- **Don't be late!** If the recording has started, **you may not be allowed** into the exam centre and you will have lost 140 marks.
- **Don't panic** if you don't catch the answer on the first hearing. You will hear it at least once, if not twice again.
- **Don't leave** questions unanswered – even a partial answer or a good guess may get you some marks.
- **Don't write** more than **one answer** for a **multiple choice question**.

quarante-trois

Before you hand up your exam
- **Do check** you have filled in **all the answers**.
- **Do make sure** you have written all your answers **clearly** – use capital letters for multiple choice answers (A, B, C, D).
- **Don't write** any answer in French, other than place names and people's names. Always use **English** or **Irish**.

reading comprehension

About the Reading Comprehension

You should start this section of your examination when the Listening Comprehension is finished. You should spend approximately **60 minutes** on this section of the paper.

Level	Marks	% of total exam
Higher	100	32%
Ordinary	120	37%

What will I find in the Reading Comprehension section?

- All the questions will be in **English or Irish**, so your answers must be in English or Irish.
- At **Higher Level**, there are usually **nine questions** (many of which have sub-sections). Attempt all parts of each question. At **Ordinary Level** there are **eight questions**, many of which are multiple choice. Some of the questions will have sub-sections, so make sure you attempt all of these.
- The texts will **vary in style and difficulty**, starting off with simple signs and advertisements, progressing to longer more difficult texts. These will be taken from brochures, leaflets, street signs, magazines and newspapers.

How can I prepare for this part of the exam?

- **Read** as much French as you can. This can be from your own textbook, as well as from past exam papers. Use the **Reading Comprehension tests** (pages 47–173) in this book for extra practice.
- **Read** real French documents – French teenage/sports magazines, simple novels. If you are on holiday in France, or know someone who is, pick up tourist information leaflets. Most Irish tourist sites now have a French version of their guide – get a copy of this.
- **Increase** your vocabulary by making a note of new words. Have a special notebook for this, keeping words under specific headings, e.g. 'holidays', 'shops', 'animals' (see website for useful vocabulary lists).
- **Find your favourite websites** and see if they have a language option. Quite often, you can change it to French.

During the exam

- **Remember** that the answers are always in the text in front of you. It is just a question of locating them. When the text is long, you will be told in which part of the text to look.
- **Note** any headings or titles, pictures or illustrations you are given.
- **Read** the questions carefully. They may help you to understand what the text is about.
- **Underline** key question word/words, e.g. 'Where …?' 'Why …?' 'What … yesterday?'
- **Questions** appear in the **order** they occur in the text. If you find the answers to (c) and (e), the answer to (d) must be somewhere in between.
- **Write** a partial answer, or make a good guess, rather than leaving a blank space.
- **Check** your answers before you finish the examination to make sure you have left no gaps.
- **Always** write your answer in English (or Irish) unless it is a French name.

quarante-six

Paper One

Question 1

This question is typical of Question 1 on the **Ordinary** Level paper.

Match the following sets of signs and pictures. Indicate your answer in all cases by inserting the letters which correspond to the numbers in the boxes below.

No.	Letter
1	
2	
3	
4	
5	
6	
7	
8	
9	
10	

1. LOCATION DE VÉLOS
2. (roadworks/car scene)
3. ROND-POINT
4. (beach scene)
5. SALLE D'ATTENTE
6. (airport scene)
7. GARE SNCF
8. (sweets/confectionery scene)
9. LÉGUMES
10. (people with van scene)

A. (train station scene)
B. Confiserie
C. (waiting room scene)
D. ARRÊT D'AUTOBUS
E. (vegetables scene)
F. PLAGE
G. (bicycle hire scene)
H. DÉPARTS
I. (roundabout scene)
J. ATTENTION! TRAVAUX

reading comprehension

quarante-sept

Question 2

*This question is typical of Question 1 on the **Higher** Level paper.*

Read the signs/texts which follow and answer all the questions.

1. You are in a French department store and would like to find the exit. Which of the following signs would you look for? Select a, b, c or d. Write your answer in the box.

    (a) Accès au sous-sol

    (b) Accueil

    (c) Ascenseur

    (d) Sortie

2. You are visiting France and you wish to buy stamps for some postcards. Which of these signs would you look for? Select a, b, c or d. Write your answer in the box.

    (a) Timbres

    (b) Cartes postales

    (c) Caisse

    (d) Mandats postaux

Question 3

Where might you find this sign?

COMPOSTEZ VOS BILLETS, S'IL VOUS PLAÎT !
235647

(a) in a gardening magazine
(b) in a recycling centre
(c) in a garden centre
(d) in a railway station

Question 4

This sign is advertising

Aujourd'hui ! Journée portes ouvertes

(a) a free day trip.
(b) an open day.
(c) an opening day of the sales.
(d) free train transport.

quarante-huit

Question 5

Read this brochure from the Camargue region of France and answer the questions.

SOIRÉES CAMARGUAISES

CHAQUE MARDI SOIR EN JUILLET ET AOÛT À LA MANADE BLANC

La famille Blanc, vieille famille camarguaise, vous ouvre les portes de leur domaine afin de vous faire découvrir leur métier de manadier et de riziculteur. Vous pourrez approcher les taureaux, visiter l'exploitation, assister à une démonstration de tri de bétail suivi d'un repas typique préparé par la maîtresse de maison, pris dans l'ancienne cave à vin, climatisée, dans une ambiance musicale.

Réservations au plus tard la veille au soir au 04 90 97 27 73 ou 06 87 01 43 08

1. During which months does this event take place?
___

2. According to the text, the Blanc family is involved in growing which crop?
   (a) corn
   (b) wheat
   (c) rice
   (d) barley

3. Name **one** of the activities you can take part in.
___

Question 6

Read this article on wind energy and answer the questions that follow.

ÇA TOURNE !
LA CHINE BIENTÔT 1ER PRODUCTEUR MONDIAL D'ÉNERGIE ÉOLIENNE ?

Des hélices dans le paysage chinois, voilà une bonne nouvelle ! Le gouvernement a choisi de soutenir les énergies propres et donc la production d'électricité à partir de la force du vent. D'ici 2020, les énergies renouvelables devront représenter 15% de sa production énergétique. L'an dernier, la Chine a détrôné l'Espagne et s'est placée juste derrière les États-Unis et l'Allemagne dans le secteur éolien. En continuant à ce rythme, elle pourrait devenir n° 1 mondial d'ici 2012 !

Wapiti, n° 276, mars

(a) What country is going to become the number one producer of wind energy?
_____

(b) What does the figure 15% refer to?
_____

(c) Name **one** other country in the top three nations for the production of wind energy.
_____

Question 7

The following is a recipe for a tasty chicken dish.

Casserole bretonne de poulet

Pour 6 personnes • Préparation : 15 min
Cuisson : 40 min

les VOLAILLES

1. Pelez les légumes et rincez-les, tronçonnez les carottes et coupez les pommes de terre en quatre. Émincez l'oignon. Séparez le brocoli.

2. Dans une cocotte, faites revenir le poulet dans le beurre chaud sans trop laisser colorer. Ajoutez l'oignon. Cuisez 10 min à feu doux.

3. Ajoutez les carottes, le brocoli et les pommes de terre dans la cocotte. Remuez, puis versez le cidre et le bouquet garni. Couvrez et laissez mijoter pendant 25 min. Ajoutez la crème et laissez mijoter encore 5 min. Servez sans attendre pour déguster chaud.

La boisson : cidre brut.

- 1 poulet fermier coupé en 6
- 1 oignon
- 500 g de pommes de terre à chair ferme
- 2 carottes
- 2 cuil. à soupe de persil ciselé
- 100 g de brocoli
- 70 cl de cidre brut
- 30 g de beurre salé
- 15 cl de crème liquide
- 1 bouquet garni
- Sel, poivre

(a) Tick the box (✓) to indicate which **four** of the following ingredients are mentioned in the above recipe.

Ingredients	✓	Ingredients	✓
onion		peas	
water		butter	
cream		cider	
bacon		wine	

*This is a typical way of questioning on the **Ordinary** Level paper. Be careful to tick only **four** answers, or you will lose marks!*

(b) According to cooking **instruction 1**, apart from peeling and washing the potatoes, what should you do with them?

_____

Question 8

You are staying in a small town in France and get an information leaflet on local services. Read the advertisements and then answer the questions below.

LF
LA FÉE

Bijoux or argent, pierres, nacre, créations, cadeaux

10, rue Émile Zola, Carnac
Tél: 02.97.52.12.78

FLORENTINE CADEAUX

Vaisselle, art de la table, linge de maison, liste de mariage

Avenue de la Libération, Carnac-Plage
Tél: 02.97.52.15.12

SALON DE THÉ ONE, TWO, TEA

4, rue Verte, Carnac-Ville
Tél: 02.97.52.46.03

LA LAVERIE

Ouvert de Pâques à Octobre :
9h à 12h et 14h à 18h

Lavage – Séchage – Repassage –

Juillet et août : 9h à 19h –
Dim. et jours fériés : 9h à 12h

Location de linge
5, avenue Jouvet Carnac-Plage
(devant l'Office du tourisme)

Tél: 02.97.52.46.52

LA BOUSSOLE

Opticiens

5, rue St Barthélémy, Carnac-Ville

Tél: 02.97.52.95.45

TRAITEUR

Charcuterie fine
Hors-d'œuvre, plats cuisinés, feuilletés « maison », rayon boucherie, fromages sélectionnés, vins fins

À Carnac-Plage, au cœur de la station

Tél: 02.97.52.25.36

CAR-TOP

Lavage automobile à la main.
Service express à partir de 34 €.

12 Avenue de Verdun.
Tél: 02.93.78.97.23

Write down the name of the shop providing the following service.

(a) cleans your car _____

(b) sells silver jewellery _____

(c) sells china and table linen _____

(d) will wash and iron your clothes _____

cinquante-deux

Question 9

Read this magazine article which gives teenagers advice about how to get a good night's sleep and answer the questions that follow.

10 conseils pour bien dormir

1 Évite les boissons excitantes (café, soda, thé, alcool).

2 Pratique une activité physique régulière (mais pas après 20h !).

3 Évite les couleurs vives dans ta chambre (murs rouges, draps orange).

4 Le soir, chasse tes soucis autant que possible. Raconte-toi des histoires agréables, écoute de la musique douce.

5 Ne dîne ni trop lourd ni trop gras. Mais mange suffisamment, sinon la faim te réveillera !

6 Lis un bon roman. Mais attention, pas trop de suspense ni de sujets terrifiants !

7 Aère ta chambre, et ne mets pas le chauffage à fond. 19°C, c'est parfait !

8 Respecte un certain rituel : faire ta toilette, fermer tes volets, allumer une lampe douce ...

9 Couche-toi et lève-toi à heures fixes.

10 Si tu as, malgré tout, des difficultés à t'endormir, essaie les tisanes à base de camomille, de fleurs d'oranger, de tilleul ... Et fais des exercices de relaxation.

Le Monde des ados, n° 194, octobre

(a) Name **one** type of drink you should avoid before you sleep. (**point 1**)

(b) At what time should you stop taking physical exercise? (**point 2**)

(c) What piece of advice is given regarding the colours in your room? (**point 3**)

(d) How can you get rid of your worries before you go to sleep? (**point 4**)

(e) If you haven't eaten enough, what may happen? (**point 5**)

(f) What type of reading material should you avoid? (**point 6**)

(g) What are you told to do about the temperature in your room? (**point 7**)

(h) What does it say about the time at which you go to bed and get up? (**point 9**)

Question 10

Read this interview with American actor Zachary Quinto, star of the series *Heroes*, who plays Dr Spock in the *Star Trek* movie, and answer the questions.

Zachary Quinto, star interplanétaire

L'acteur américain révélé dans la série *Heroes* incarne Mr Spock, personnage clé de *Star Trek*.

1 Enfant, Zachary aimait se promener en vélo en forêt. « Je passais mon temps à rêver et à inventer des trucs. Je contruisais des forts avec des bout de bois », se souvient le jeune homme, né en 1977 en Pennsylvanie. Plus grand, il se prend de passion pour *Star Wars*. « J'adorais l'histoire et les personnages, dont je collectionnais les figurines. » Zachary est aussi un grand lecteur. Il dévore les classiques comme *Le Conte de deux cités* de Charles Dickens, et les nouvelles d'Ernest Hemingway.

2 « Mon frère, qui a sept ans de plus que moi, jouait au lycée dans la pièce *Le Diable et Daniel Webster*. La magie des planches m'a laissé un tel souvenir que je me suis inscrit à un cours de comédie. Je suis monté sur scène à 10 ans … Depuis, je n'ai jamais arrêté ! J'ai suivi des cours d'art dramatique au lycée et je suis diplômé de l'université de Pittsburgh. »

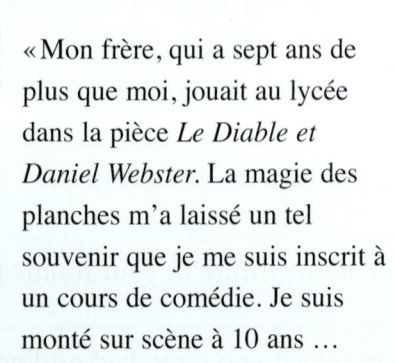

3 Comme beaucoup de débutants, Zachary est ensuite parti à Los Angeles pour chercher du travail. Il fait de courtes apparitions dans des publicités et des séries. Mais il faut gagner sa vie : alors, il travaille comme serveur. « C'est pour *24h chrono* que j'ai obtenu mon premier vrai rôle. Mais c'est *Heroes* qui m'a fait connaître. Tout le monde m'a remarqué dans la peau du méchant Sylar. »

4 Aujourd'hui, Zachary interprète Spock dans la nouvelle version cinématographique d'une série de légende, *Star Trek*. « *Star Trek* sera certainement un

cinquante-quatre

tournant dans ma vie », confie Zachary. « Cette expérience m'a beaucoup appris ». La patience, notamment, car la pose des oreilles pointues en silicone et le reste du maquillage de Spock durait plus de deux heures.

5 « Quand les autres acteurs étaient convoqués sur le plateau à 6 heures du matin, moi, je devais arriver à 3h30 ! Je m'asseyais, je fermais les yeux et je laissais les maquilleurs faire leur travail. Puis j'enfilais mon costume et j'entamais une journée de douze à treize heures de tournage. La partie la plus pénible, c'est que je devais raser la moitié extérieure de mes sourcils pour que l'on colle des extrémités de sourcils relevés. En dehors du tournage, je portais de grosses lunettes noires qui masquaient mes sourcils à demi rasés. »

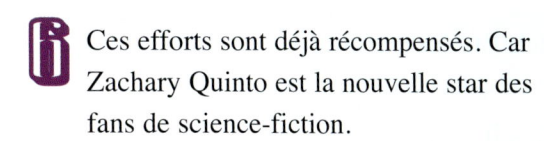

6 Ces efforts sont déjà récompensés. Car Zachary Quinto est la nouvelle star des fans de science-fiction.

Le Monde des ados, mai

1. Name **one** thing Zachary liked to do out of doors when he was small? (**part 1**)
   _____

2. What did he collect? (**part 1**)
   _____

3. How old is his brother? (**part 2**)
   (a) 7 years old   (b) 7 years younger   (c) 7 years older   ☐

4. What first drew him to acting? (**part 2**)
   _____

5. What did he do to earn money when he went to Los Angeles? (**part 3**)
   _____

6. Why did he have to learn patience when filming *Star Trek*? (**part 4**)
   _____

7. How long did he work each day while filming? (**part 5**)
   _____

8. What did he do to disguise his shaved eyebrows? (**part 5**)
   _____

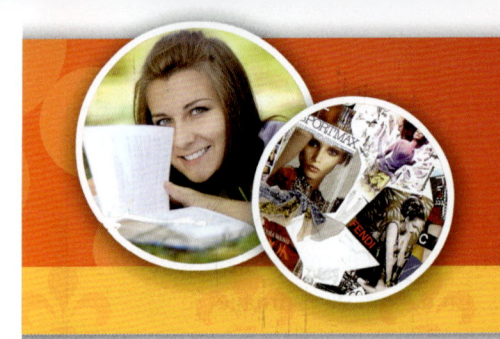

Paper Two

Question 1

Match the following sets of signs and pictures. Indicate your answer in all cases by inserting the letters which correspond to the numbers in the boxes below.

No.	Letter
1	
2	
3	
4	
5	
6	
7	
8	
9	
10	

Question 2

Read the signs/texts which follow and answer all the questions.

1. You want to borrow a book from the local library in France. Where do you go? Select a, b, c or d. Write your answer in the box.

    (a) Papeterie

    (b) Librairie

    (c) Marchand de journaux

    (d) Bibliothèque

2. You are in a French shopping centre and would like to find the lift. Which of these signs would you look for? Select a, b, c or d. Write your answer in the box.

    (a) Sous sol

    (b) Ascenseur

    (c) Accès aux escaliers

    (d) Accueil

Question 3

What is being celebrated with this card?

Joyeuses Pâques !

(a) St Patrick's Day

(b) arrival of a new baby

(c) Easter

(d) Grandad's birthday

Question 4

What does this sign ask you to do?

Gardez le centre-ville propre !

(a) Watch out for pickpockets in the town centre.

(b) Keep the town centre clean.

(c) Avoid the town centre.

(d) Behave well in the town centre.

Question 5

Read this advertisement and answer the questions that follow.

Le Grand Roque
RENTRÉE 2010/2011
INSCRIVEZ-VOUS !

ATELIERS D'ART DRAMATIQUE
➤ Cours hebdomadaires
➤ Stages réguliers

ADOS & ADULTES

DÉCOUVREZ NOS REPRÉSENTATIONS D'ATELIERS 2010
Jeudi 16, vendredi 17 et samedi 18 septembre à 20h30
REPRISE DES COURS MARDI 5 OCT. A 20H

RENSEIGNEMENTS ET INSCRIPTIONS : 04.68.77.59.17 / 06.23.84.32.17

1 What type of workshops is being advertised? _____

2 When do the classes take place?
   (a) daily   (b) weekly   (c) monthly   ☐

3 When do classes start again? _____

Question 6

Read the results of this survey and answer the questions.

82% des hommes affirment mettre volontiers la table ou la débarrasser. Ils sont 72% à préparer le repas et 66% à faire la vaisselle de leur propre chef.

Vous trouvez qu'il y a un léger décalage avec la réalité ? Pour en avoir le cœur net, montrez-lui ces chiffres et, ce soir, n'entrez pas dans la cuisine, vous serez fixée !

(a) According to this survey, what do 72% of the men surveyed say they do?
_____

(b) What percentage wash up after themselves?
_____

(c) What should you not do this evening?
_____

Question 7

Read this brochure about special offers on SNCF trains and answer the questions.

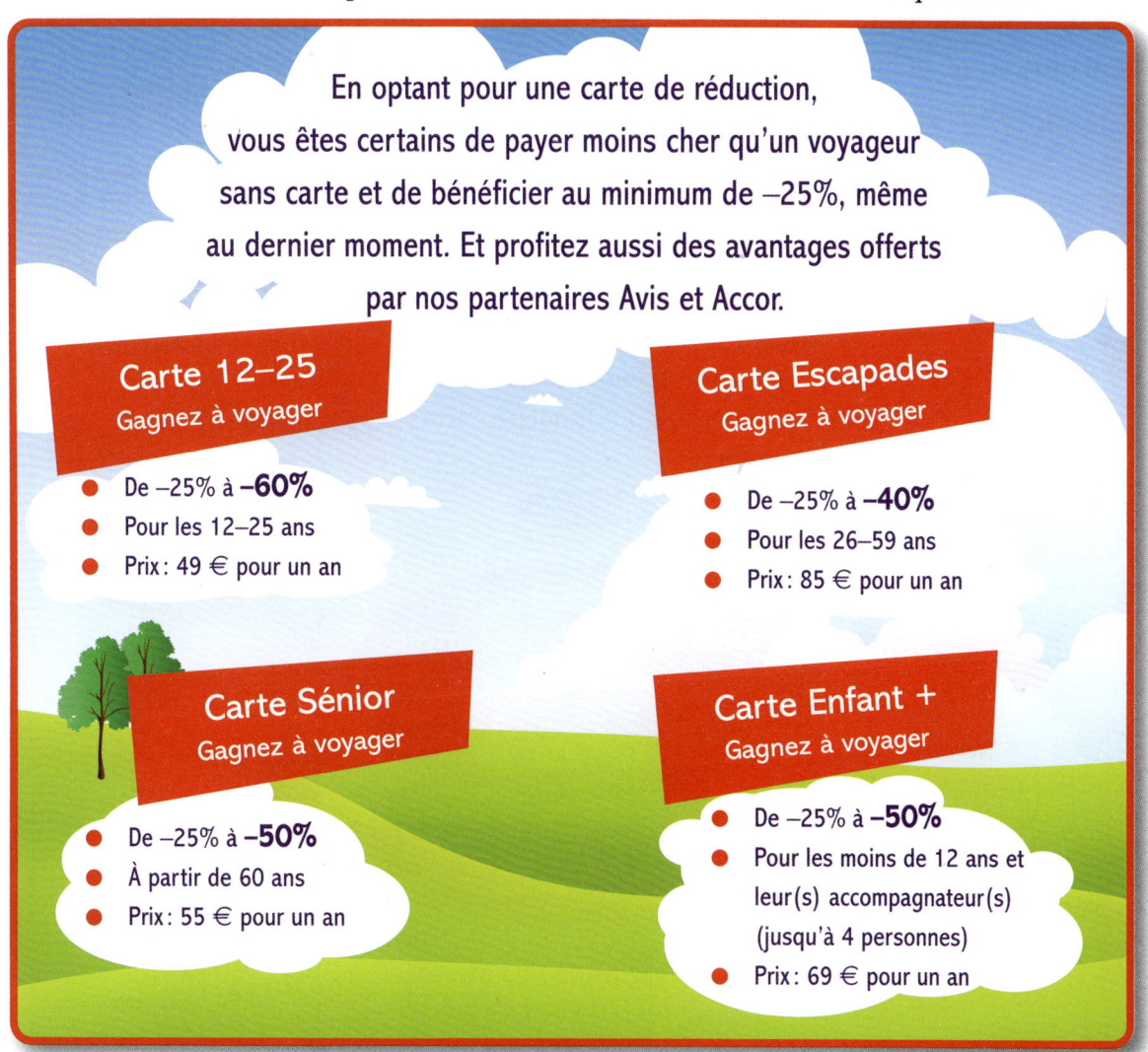

> En optant pour une carte de réduction, vous êtes certains de payer moins cher qu'un voyageur sans carte et de bénéficier au minimum de −25%, même au dernier moment. Et profitez aussi des avantages offerts par nos partenaires Avis et Accor.

Carte 12–25
Gagnez à voyager
- De −25% à **−60%**
- Pour les 12–25 ans
- Prix : 49 € pour un an

Carte Escapades
Gagnez à voyager
- De −25% à **−40%**
- Pour les 26–59 ans
- Prix : 85 € pour un an

Carte Sénior
Gagnez à voyager
- De −25% à **−50%**
- À partir de 60 ans
- Prix : 55 € pour un an

Carte Enfant +
Gagnez à voyager
- De −25% à **−50%**
- Pour les moins de 12 ans et leur(s) accompagnateur(s) (jusqu'à 4 personnes)
- Prix : 69 € pour un an

(a) By using **one** of these special offers, what are you sure to do?
_____

(b) What age do you have to be to have a 'Carte Sénior'?
60
_____

(c) For how long can you travel if you pay €85 for the 'Carte Escapades'?
_____

(d) What age group is this ticket offered to?
_____

(e) Besides a child, who else can travel using a 'Carte Enfant'?
_____

Question 8

Your grandparents are thinking of renting a holiday home in France. Read the advertisements and answer the following questions.

> This is a typical question for both level papers. At **Higher** Level there are seven possibilites, with **four answers** needed; at **Ordinary** Level there are six possibilities, with **six answers** needed.

La Barcares:
appartement, T2 + mezzanine, balcon. Près de la plage, parking sécurisé.

Ref: 214

Saint Cyprien:
agréable pavillon de vacances, 2 chambres, cuisine et petite buanderie, s.d.b./douche, terrasse arborée.

Ref: 289

Canet Sud:
grand appartement traversant dans résidence de standing, s.d.b., vue sur mer. Près tous commerces.

Ref: 219

Studio très clair. Cuisine équipée. Parking privé, sécurisé.

Ref.: 213

St. Cyprien Plage:
appartement, plein sud: 2 chambres, cuisine ouverte sur séjour. Balcon donnant sur mer.

Ref: 277

St. Cyprien:
Superbe appartement dans petite résidence, grand séjour avec cheminée, 3 chambres avec placards, balcon, garage.

Ref.: 260

Canet Place:
Studio, dans résidence avec piscine, parking. 1 chambre, s.d.b., douche séparée. Terrasse exposée.

Ref.: 275

Which property has the following feature? Write down the reference number.

(a) a fireplace in the living room   Ref: _____

(b) a swimming pool   Ref: _____

(c) a utility room   Ref: _____

(d) is near all the shops   Ref: _____

Question 9

Having read the story of Sophia, indicate with a tick (✓) whether the statements are **True** or **False**.

Vengeance [...]

Un soir, je m'étais moquée de la nouvelle coupe de cheveux de mon frère, que je n'aimais pas. On s'était donc couchés fâchés …

Le lendemain, à mon réveil, ne sentant plus mes cheveux sur mes épaules, je me suis précipitée dans la salle de bains pour me regarder dans le miroir, et là, j'ai hurlé ! Pendant la nuit, mon frère avait coupé ma queue-de-cheval juste en dessous de l'élastique. Il avait laissé, à côté de mon oreiller, un mot sur lequel il avait écrit : « *Moi non plus je n'aime pas ta nouvelle coupe.* »

J'ai dû aller au collège comme ça, les cheveux coupés n'importe comment, avec des mèches plus longues que d'autres. J'ai mis une casquette que la surveillante m'a fait enlever en permanence. Tout le monde s'est alors moqué de moi.
Heureusement, le soir même, je suis allée chez le coiffeur, qui a réussi à rattraper le coup. Ouf !

Statement	True	False
(a) Sophia did not like her brother's new haircut.	☐	✓
(b) The following morning Sophia looked in the mirror in her room.	☐	☐
(c) She was pleased with what she saw.	☐	☐
(d) Her brother said he did not like her hairstyle.	☐	☐
(e) She had to wear a cap to school that day.	☐	☐
(f) That evening she took her brother to the hairdresser's.	☐	☐

Question 10

Read this article about Hélène, who is the manager of a model agency and answer the questions that follow.

Hélène, directrice d'agence de mannequins

Castings, productions photos, contrats ... Hélène nous raconte son quotidien et nous dit en quoi consiste son travail.

1 D'où t'est venue l'envie de faire ce métier ?

Quand j'étais adolescente, j'ai lu l'interview d'une mannequin qui parlait de sa bookeuse, la fille qui lui trouvait ses contrats. Ce métier m'est resté dans un coin de la tête. À 20 ans, étudiante à Paris, j'ai enfin osé appeler une agence de mannequins. Coup de bol, la directrice cherchait une assistante : j'ai commencé tout de suite et j'ai tout appris sur le tas !

2 Waouh ! On peut dire que tu as de la suite dans les idées ...

Je suis restée 6 ans dans cette agence. Mais je détestais Paris. Alors, je me suis installée dans le Sud et je me suis vite rendu compte qu'il y avait aussi de la place pour une agence en province. C'est comme ça que j'ai monté mon entreprise : Anakena. Au début, je recrutais les mannequins dans la rue et je les photographiais avec mon petit Polaroid !

3 Et tu les recrutes comment, tes mannequins ?

Il y a d'abord les candidatures spontanées sur mon site Internet. Je peux aussi faire un casting sur le lieu de la production photo comme à Biarritz, au Pays basque, l'autre jour. J'ai laissé des prospectus près des écoles, puis j'ai fait passer un casting à des centaines d'enfants. Sinon, je fais aussi beaucoup de « castings sauvages » : j'arrête les gens dans la rue, tout simplement !

soixante-deux

4 C'est quoi, tes critères de sélection ?

Pour les adultes, on regarde d'abord la taille (une fille doit mesurer au moins 1,74 m), et la photogénie. Pour les enfants, c'est très différent : on recherche plutôt le côté malicieux, pétillant, et de bonnes bouilles qui accrochent bien la lumière. J'adore travailler avec les enfants. Depuis 7 ans, j'ai une licence qui me le permet. On ne rigole pas avec le travail des enfants !

5 C'est quoi le plus difficile dans ton métier ?

Le manque de visibilité. Je ne peux pas savoir les contrats que l'on aura le mois suivant. On peut avoir plusieurs prises de vue en même temps et des périodes plus calmes. Durant ces moments-là, je profite de mes enfants ! Et puis parfois, j'embarque toute la famille et une baby-sitter sur des séances de photos, comme à Ibiza. Et on passe toujours de super moments !

Julie, février

(a) What is the work of a 'bookeuse'? (**part 1**)

(b) What happened when Hélène contacted the model agency in Paris? (**part 1**)

(c) Why did she move to the South of France? (**part 2**)

(d) How did she get her models at first? (**part 2**)

(e) Where did she leave the promotional material for the photoshoot in Biarritz? (**part 3**)

(f) How many potential models did she get as a result? (**part 3**)

(g) With what group of people does she particularly like to work? (**part 4**)

(h) What does she do when times are quiet at the agency? (**part 5**)

reading comprehension

soixante-trois

Paper Three

Question 1

Match the following sets of signs and pictures. Indicate your answer in all cases by inserting the letters which correspond to the numbers in the boxes below.

No.	Letter
1	E
2	D
3	
4	J
5	
6	H
7	
8	F
9	A
10	B

1. CHIEN MÉCHANT!
2. (flowers)
3. RUE PIÉTONNE
4. (château)
5. MACHINE HORS-SERVICE
6. (people running)
7. ATTENTION! PEINTURE FRAÎCHE
8. (gymnasium)
9. BOUCHERIE
10. (school bags)

A. (dog grooming / scene)
B. CARTABLES
C. (park bench)
D. FLEURS
E. (running dog)
F. GYMNASE
G. (shopping centre)
H. POINT DE RENCONTRE
I. (bedroom)
J. CHÂTEAU

64

soixante-quatre

Question 2

Read the signs/texts which follow and answer all the questions.

1. You are looking for an internet site about the French sport of bowling. Which site would you log on to? Select a, b, c or d. Write your answer in the box.

    (a) www.vélosports.fr

    (b) www.tiralarc.fr

    (c) www.escrime.fr

    (d) www.pétanque.fr

2. You want to find a car wash for your car while you are on holiday in France. Which sign would you look out for? Select a, b, c or d. Write your answer in the box.

    (a) Machine à laver

    (b) Lave-voiture

    (c) Location de voitures

    (d) Lave-vaisselle

Question 3

This sign tells you that

Attention automobilistes ! Sens unique

(a) this is a one-way street.

(b) motorists should drive sensibly.

(c) there's a unique opportunity to buy new car.

(d) motorists should try to avoid this area.

Question 4

This sign is of interest to

Promotion ! Baskets à prix réduits

(a) basket makers.

(b) gardeners.

(c) people looking for a bargain.

(d) people looking for a new job.

reading comprehension

soixante-cinq

Question 5

Read this advertisement for a board game and answer the questions.

Le Jeu des *Incollables*
Répondez à plus de 3 360 questions en famille !

Le seul jeu de questions-réponses adapté à toute la famille, avec plus de 3 360 questions inédites, réparties en 6 thèmes ludiques et variés.

Contenu : 1 plateau, 240 cartes questions-réponses, 53 cartes SOS, 6 pions, 1 dé, 1 règle du jeu.
Format de la boîte : octogonale, 31 x 31 x 7 cm
Durée de la partie : environ 60 minutes.

+ les frais de port gratuits !

1. For what group is this game suitable?
   _____

2. Besides the questions, name **two** other items contained in the pack.
   _____

3. Approximately how long does the game take to play?
   _____

4. What is offered free of charge?
   (a) carrier bag   (b) extra questions   (c) delivery costs   ☐

Question 6

Read the article and answer the questions that follow.

ROBOT À TOUT FAIRE

Un robot japonais va donner un coup de main aux spationautes.

Tu connais Wall-E, le robot nettoyeur … Voici Astrobot, le futur copain des spationautes. Avec son bras articulé et ses antennes, il va aider l'équipage de la station spatiale internationale. Il pourra, par exemple, faire passer des outils lors des missions à l'extérieur ou surveiller des écrans de contrôle. Pas question de remplacer les humains, mais ce robot devra faire gagner du temps aux spationautes! Premiers essais prévus en 2012 …

Wapiti, n° 276, mars

1. Which country has designed this robot?
   _____

2. Who will Astrobot help?
   _____

3. Which of the following tasks can the robot do?
   (a) make tea for the team
   (b) keep a watch on the control panel
   (c) operate the engine

4. What will happen in 2012?
   (a) the first robot will be produced
   (b) the first trials will take place
   (c) the first robot will be in space

soixante-sept

Question 7

Read the recipe below and then answer the questions.

*This is a typical question at **Higher** Level.*

Chili con carne

Pour 6 personnes • Préparation : 20 min • Cuisson : 1h15

- 1kg de steak haché
- 2 grosses tomates
- 1 oignon
- 1 piment frais
- 800 g de haricots rouges au naturel
- 1 cuil. à café de cumin moulu
- 1/2 cuil. à café de chili en poudre (piment fort)
- 1 bouquet de coriandre
- 2 cuil. à soupe d'huile
- 1 cuil. à café d'origan
- Sel, poivre du moulin

1 Pelez, épépinez et concassez les tomates. Épluchez et hachez l'oignon. Chauffez l'huile dans une cocotte. Mettez-y à revenir le steak haché et l'oignon pendant 5 min.

2 Ajoutez les épices dans la cocotte, ajoutez les tomates concassées et un verre d'eau tiède. Salez et poivrez au moulin. Couvrez et laissez cuire pendant 10 min sur feu très doux.

3 Ajoutez les haricots rouges égouttés dans la cocotte. Mélangez délicatement pour ne pas les écraser. Laissez cuire 1 h sur feu doux, en ajoutant éventuellement un peu d'eau. Servez très chaud accompagné de riz blanc.

Le vin : madiran.

(a) Beans, oil, salt, coffee. Which **one** of these four is **not** listed in the ingredients? (**point 1** of the cooking instructions)

_____

(b) How should the dish be served? (**point 3** of the cooking instructions)

_____

soixante-huit

Question 8

Read details of these internet sites which are of help to French secondary school students learning a foreign language and answer the questions by writing the name of the internet site concerned.

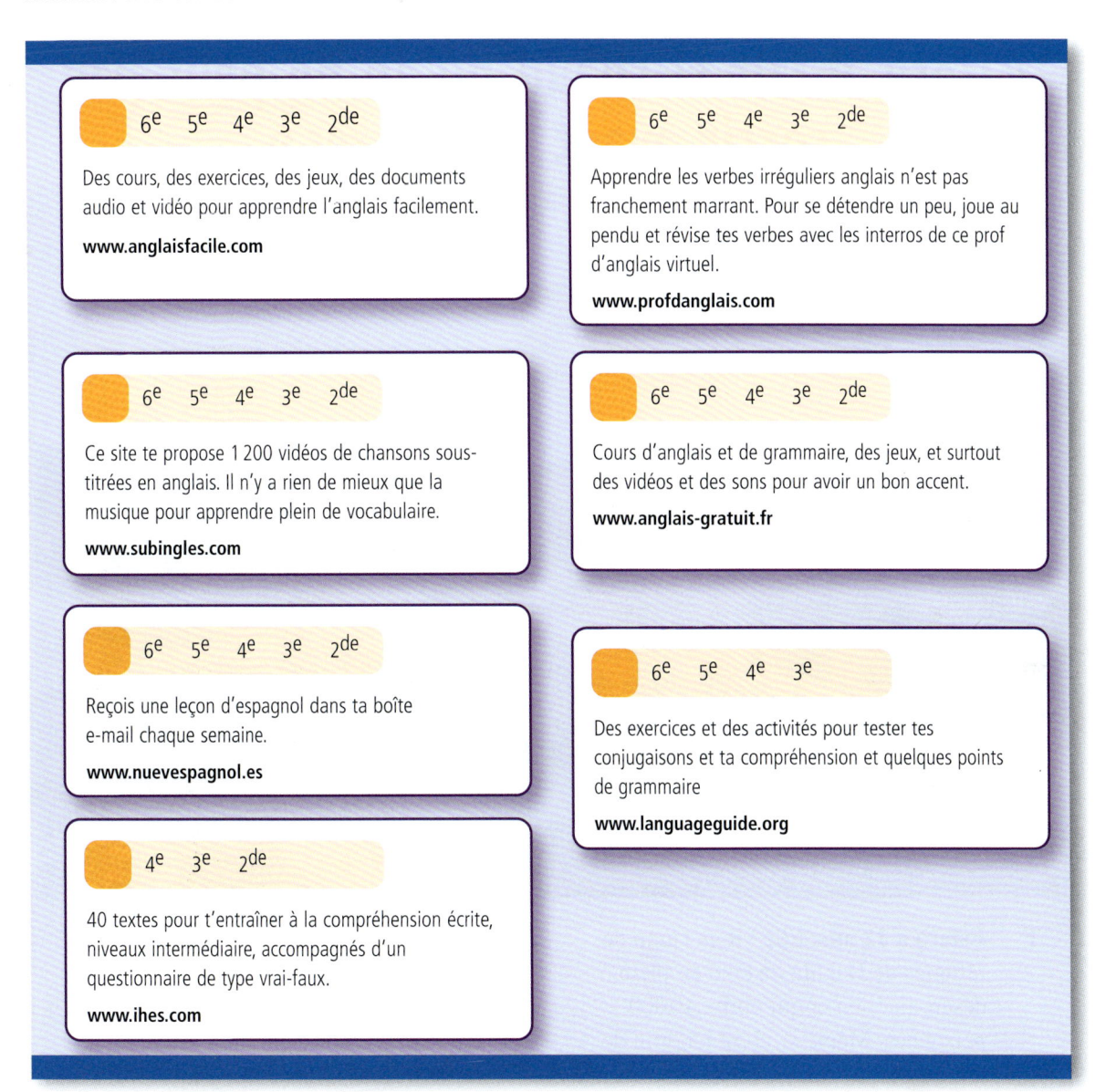

6ᵉ 5ᵉ 4ᵉ 3ᵉ 2ᵈᵉ

Des cours, des exercices, des jeux, des documents audio et vidéo pour apprendre l'anglais facilement.

www.anglaisfacile.com

6ᵉ 5ᵉ 4ᵉ 3ᵉ 2ᵈᵉ

Apprendre les verbes irréguliers anglais n'est pas franchement marrant. Pour se détendre un peu, joue au pendu et révise tes verbes avec les interros de ce prof d'anglais virtuel.

www.profdanglais.com

6ᵉ 5ᵉ 4ᵉ 3ᵉ 2ᵈᵉ

Ce site te propose 1 200 vidéos de chansons sous-titrées en anglais. Il n'y a rien de mieux que la musique pour apprendre plein de vocabulaire.

www.subingles.com

6ᵉ 5ᵉ 4ᵉ 3ᵉ 2ᵈᵉ

Cours d'anglais et de grammaire, des jeux, et surtout des vidéos et des sons pour avoir un bon accent.

www.anglais-gratuit.fr

6ᵉ 5ᵉ 4ᵉ 3ᵉ 2ᵈᵉ

Reçois une leçon d'espagnol dans ta boîte e-mail chaque semaine.

www.nuevespagnol.es

6ᵉ 5ᵉ 4ᵉ 3ᵉ

Des exercices et des activités pour tester tes conjugaisons et ta compréhension et quelques points de grammaire

www.languageguide.org

4ᵉ 3ᵉ 2ᵈᵉ

40 textes pour t'entraîner à la compréhension écrite, niveaux intermédiaire, accompagnés d'un questionnaire de type vrai-faux.

www.ihes.com

On which internet site would you

(a) receive a weekly lesson by e-mail?   www. _____

(b) find exercises with true/false tests?   www. _____

(c) use songs to help you increase your vocabulary?   www. _____

(d) do verb tests using a virtual teacher?   www. _____

soixante-neuf

Read this article about Estera, who lives in a refugee camp in Western Sahara, and answer the questions that follow.

«L'été, il fait si chaud qu'on ne peut pas sortir avant 19 heures»

1. **Estera a 12 ans.** Elle vit au camp de réfugiés de Dakhla installé en plein désert algérien et qui abrite 40 000 personnes. Même si vivre ici, loin de tout, n'est pas facile, Estera aime sa vie avec ses parents et ses 5 frères et sœurs. Toute sa famille vit dans une petite maison en pisé et une tente accolée à la bâtisse. Elle partage son temps entre nourrir les chèvres le matin avant d'aller à l'école et les tournois de volley-ball dont elle raffole.

2. *«Le plus dur, c'est l'été»*, dit-elle. Dans ce camp proche du désert mauritanien, la température est extrême. Difficile de croire que l'on arrive à survivre sans climatisation ici et pourtant … Au mois d'avril, il fait déjà 35°C. L'été, 20°C de plus ! «L'été, on vit la nuit. On ne sort pas avant 7 heures du soir. La journée, on ne peut rien faire. On passe notre temps à la maison, à se rafraîchir avec de l'eau … mais s'il n'y en a pas, c'est terrible.»

3 **Au fil des années, les Sahraouis se sont adaptés à ces conditions extrêmes.** Pas le choix. Une situation qui devait être passagère et qui perdure depuis trop longtemps. « Mes parents disent qu'il faut être patients pour récupérer notre terre de manière pacifique », explique Estera. Certains jeunes seraient prêts à reprendre les armes si la situation restait bloquée. Pour l'instant, le gouvernement contrôle l'impatience de la jeunesse, mais jusqu'à quand ?

4 **Ses parents lui parlent souvent de leur pays** situé au-delà du mur de sable, au Maroc. Un pays qu'elle ne connaît pas. « Une région où il y a un océan riche en poissons. » Estera n'a pas connu la guerre qui a opposé le Maroc aux Sahraouis (1976–1991) et qui a fait tant de morts. En attendant de « vivre un jour là-bas », elle rêve de réaliser des documentaires qui seront peut-être un jour présentés au festival du camp de Dakhla.

Mon Quotidien, mai

(a) Give **one** detail about the camp where Estera lives. (**part 1**)

(b) What job does she do each morning? (**part 1**)

(c) Which time of the year is most difficult? (**part 2**)

(d) When can they go outside? (**part 2**)

(e) What do her parents say about the situation? (**part 3**)

(f) How do some young people react to the situation? (**part 3**)

(g) How do her parents describe the country they were forced to leave? (**part 4**)

(h) What is her dream? (**part 4**)

Question 10

Read this interview with Zac Efron, star of *High School Musical* and answer the questions.

CONFESSIONS INTIMES

ZAC EFRON

« Je déteste tourner des scènes de baisers avec Vanessa ! »

1 Rouge passion

« Quand j'ai une copine, j'adore la couvrir de cadeaux ! Vanessa, j'ai découvert qu'elle adorait le rouge. Tout le monde pensait qu'elle était fan de rose mais quand j'ai vu de quelle couleur elle avait décoré sa nouvelle maison, j'ai compris ! Je crois que je suis un excellent petit ami ! »

Rien que du cinéma

« Tout le monde est attendri quand Troy et Gabriella s'embrassent dans *High School Musical*. Pourtant, je déteste tourner ces scènes de baisers avec Vanessa. Vous avez toute l'équipe autour, les caméras, les lumières. Ça n'a rien de romantique ! »

2 Hollywood loser

« Au collège, je faisais partie de l'équipe de base-ball et de celle de basket-ball. Je me souviens encore de ce match de basket où je passais si mal la balle que j'ai fait perdre mon équipe … Et en golf ! La dernière fois, j'étais avec mon frère. Au moment de récupérer ma balle dans le trou, il a crié : " Serpent ! " J'ai failli m'évanouir de peur. Il était mort de rire ! »

3 Vocalises

« J'ai appris le piano très jeune et j'ai toujours chanté. Je chante toute la journée, dès que je prends ma douche et jusqu'à ce que je me couche. Je suis un dingue de karaoké et j'adore chanter à tue-tête *Man I feel like a woman* de Shania Twain. Mais quand il faut me préparer pour un tournage, ça devient plus sérieux. Je bois de la citronnade et je fais des vocalises pour tenir de 6 heures du mat' à 6 heures du soir. Ça ne rigole plus ! »

soixante-douze

4 Trop sensible

« Je n'ai pas peur de dire que je suis un garçon sensible. Il m'arrive de pleurer en regardant un film. Le pire, c'est *Moulin Rouge*. Ça ne rate jamais ! Je fonds aussi pour les deux chiens, Dreamer et Puppy, qui sont adorables, et pour mon petit siamois, Simon, qui adore que je le gratte derrière les oreilles. »

5 Restons simples !

« Je ne supporte pas les prétentieux qui se font voir dans les soirées alors qu'ils n'ont rien à y faire. Pour moi, tout ce truc mondain autour de la célébrité est trop bizarre. Le matin, quand je me lève, je me demande toujours ce que je peux bien avoir de différent des autres. »

Interview : N. Crespeau *Star Club*, n° 251, octobre

(a) How did Zac find out which colour was Vanessa's favourite? (**part 1**)

(b) Why did he not like kissing Vanessa on set? (**part 1**)

(c) What caused his basketball team to lose an important match? (**part 2**)

(d) What trick did his brother play on him when they were out playing golf? (**part 2**)

(e) When does he start his singing each day? (**part 3**)

(f) What does he do to help his voice when he has a lot of singing to do? (**part 3**)

(g) What is his reaction to films such as *Moulin Rouge*? (**part 4**)

(h) What does he ask himself each morning? (**part 5**)

soixante-treize

Paper Four

Question 1

Match the following sets of signs and pictures. Indicate your answer in all cases by inserting the letters which correspond to the numbers in the boxes below.

1	VÊTEMENTS ENFANTS	A	(shopkeeper with bottles)
2	(parking lot with cars)	B	GLACES
3	BATEAUX À LOUER 3 KM	C	(baker with bread)
4	(lockers)	D	PARKING COMPLET
5	BOISSONS FRAÎCHES	E	(people in costumes)
6	(children playing)	F	CHARIOTS
7	BOULANGERIE	G	(town hall building)
8	(children with ice creams)	H	AIRE DE JEUX
9	MAIRIE	I	(boats at dock)
10	(person with shopping carts)	J	CONSIGNE AUTOMATIQUE

No.	Letter
1	
2	
3	
4	
5	
6	
7	
8	
9	
10	

soixante-quatorze

Question 2

Read the signs/texts which follow and answer all the questions.

1. You have arrived at a French campsite and are looking for the reception. Which of these signs would you look out for? Select a, b, c or d. Write your answer in the box.

    (a) Accueil

    (b) Salle de jeux

    (c) Douches

    (d) Emplacements

2. You are looking for an internet site which will give you up-to-date information about the weather in France. Which of the following sites would you log on to? Select a, b, c or d. Write your answer in the box.

    (a) www.informations.fr

    (b) www.vacances.fr

    (c) www.activités.fr

    (d) www.météo.fr

Question 3

This is a bill from

```
6 x cahiers           1,20€
1 x double scotch     4,50€
1 paquet de feutres   1,00€
```

(a) a sweet shop.

(b) a bar.

(c) a stationery shop.

(d) a chemist's shop.

Question 4

What does this road sign tell you?

Danger ! Route glissante

(a) The road is closed.

(b) The road is icy.

(c) The road ahead is blocked.

(d) The road has a lot of bends.

reading comprehension

soixante-quinze

Question 5

Read the following advertisement that appeared in a local French newspaper and answer the questions that follow.

Une chorale d'enfants

Un projet de formation d'une chorale d'enfants de douze à seize ans est mis sur pied dans la communauté de St. Jean. Si vous êtes intéressé, la première répétition aura lieu à St. Jean, vendredi, le 24 janvier, de 17h00 à 18h30, dans le club des jeunes (premier étage, près de la bibliothèque, Centre de loisirs). La chorale se réunira ensuite un vendredi sur deux.

(a) For what age group is this choir intended?
_____

(b) What will take place on 24 January?
_____

(c) Where exactly is the youth club situated?
_____

Question 6

Read this article about well-travelled pupils and answer the questions that follow.

Élèves voyageurs

Les élèves de l'école du Parc Bellevue, à Marseille, traversent chaque année les océans, avec Véra, l'institutrice pour aller à la rencontre de peuples des cinq continents.

Les Clés Junior : Comment ce projet est-il né ?
Véra : L'aventure est née il y a quatorze ans. Un instituteur sioux est venu dans notre classe. De fil en aiguille, nous avons organisé un voyage dans son école, située dans une réserve indienne aux États-Unis. Et puis, nous avons étendu le projet aux cinq continents.

Les Clés de l'Actualité Junior, n° 619, juin

(a) Who is Vera? _____

(b) When did this project first start? _____

(c) Where was the first trip to? _____

soixante-seize

Question 7

Read this tourist brochure for the Alexis Gruss Circus Park and answer the questions.

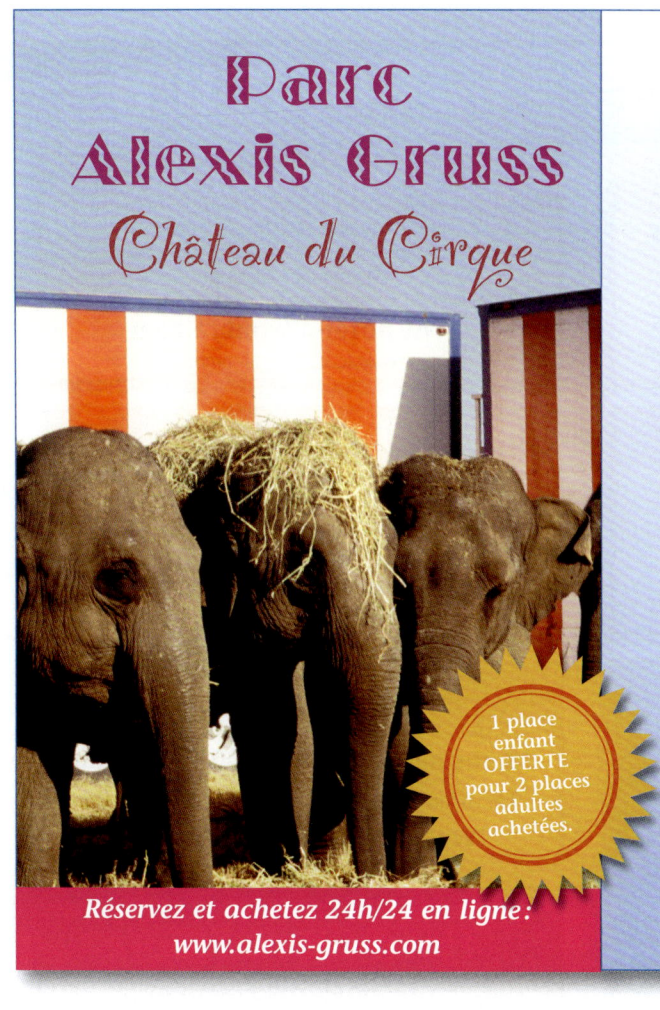

Parc Alexis Gruss
Château du Cirque

1 place enfant OFFERTE pour 2 places adultes achetées.

Réservez et achetez 24h/24 en ligne :
www.alexis-gruss.com

CALENDRIER

Ouvert du 13 mai au 14 septembre, tous les jours, sauf le lundi.

Journée entière avec le Grand Spectacle du Cirque National Alexis Gruss, à 17h, tous les samedis et dimanches.

Spectacle pédagogique à 11h, en semaine.
15 août, messe de l'Assomption à 11h et spectacle à 15h.

Réservations groupe obligatoires. Possibilité de stages groupe sur demande.

TARIFS	
Semaine	Week-end
Enfants 16 €	Enfants 20 €
Adultes 18 €	Adultes 25 €

(a) How do you get a free entrance ticket for a child?

(b) During what period is the circus park open?

(c) On which days can you spend a whole day there?

(d) Who must book ahead?

(e) How can you reserve tickets?

Question 8

Your parents want to book a holiday in Cap d'Agde in the South of France and need your help in finding a hotel to stay in.

HÉBERGEMENT – IMMOBILIER

Hôtel Le Bellevue
Face à la mer au cœur de la station à 200 m de la plage du Môle – 17 chambres confortables
12, impasse des Gabelous – Cap d'Agde
Tél. 04 67 26 39 10 · Fax : 04 67 62 24 75
www.hotel-lebellevue.fr – e-mail : lebellevue@gmail.com

Hôtel Alhambra
Entre Aqualand et l'Île des Loisirs
24 chambres dont 12 donnant sur le port
Parking clos, piscine
9, avenue du Passeur Challies, 34300 Cap d'Agde
www.hotel-alhambra.com
E-mail : contact@hotel-alhambra.com

Hôtel Araur
Vue sur l'Hérault
Chambres climatisées avec satellite
7, quai Commandant Réveille – Agde
Tél. 04 67 94 97 77
www.hotelaraur.com
e-mail : hotelaraur@orange.fr

Hôtel Hélios
Hôtel climatisé – Piscine – TV canalsat + TNT + Wifi
Parking privé et gardé
12, rue Labech – 34300 Cap d'Agde
Tél. 04 67 01 37 68
www.hotel-helios.com
e-mail : info@hotel-helios.com

Hôtel Athéna
Citôtel
18, rue de la Haye – 34300 Cap d'Agde
Tél. 04 67 94 21 90 · Fax 04 67 94 80 80
www.cap-hotelathena.com
e-mail : hotel.athena@free.fr

Hôtel Azur
Établissement climatisé
Parking privé gardé et gratuit. Wifi
18, Av. des Îles d'Amérique – Cap d'Agde
Tél. 04 67 26 98 22 – Fax : 04 67 26 48 18
www.hotelazur.com
e-mail : contact@hotelazur.com

Hôtel Gil de France
Hôtel Bar Retaurant – Ouvert à l'année
Piscine balnéo couverte chauffée l'hiver
Parking ombragé fermé – à 300m de la plage.
10, Av. des Alizés – 34300 Cap d'Agde
Tél. 04 67 26 77 80 – Fax 04 67 01 26 21
www.gildefrance.fr
e-mail : contact@gildefrance.fr

Read the following advertisements and write the name of the hotel which

(a) has a covered heated pool in winter. _____

(b) faces a beach. _____

(c) has rooms which overlook the harbour. _____

(d) has free supervised car parking. _____

soixante-dix-huit

Question 9

Read this article about the care of garden birds and using a tick (✓), say whether the statements are **True** or **False**.

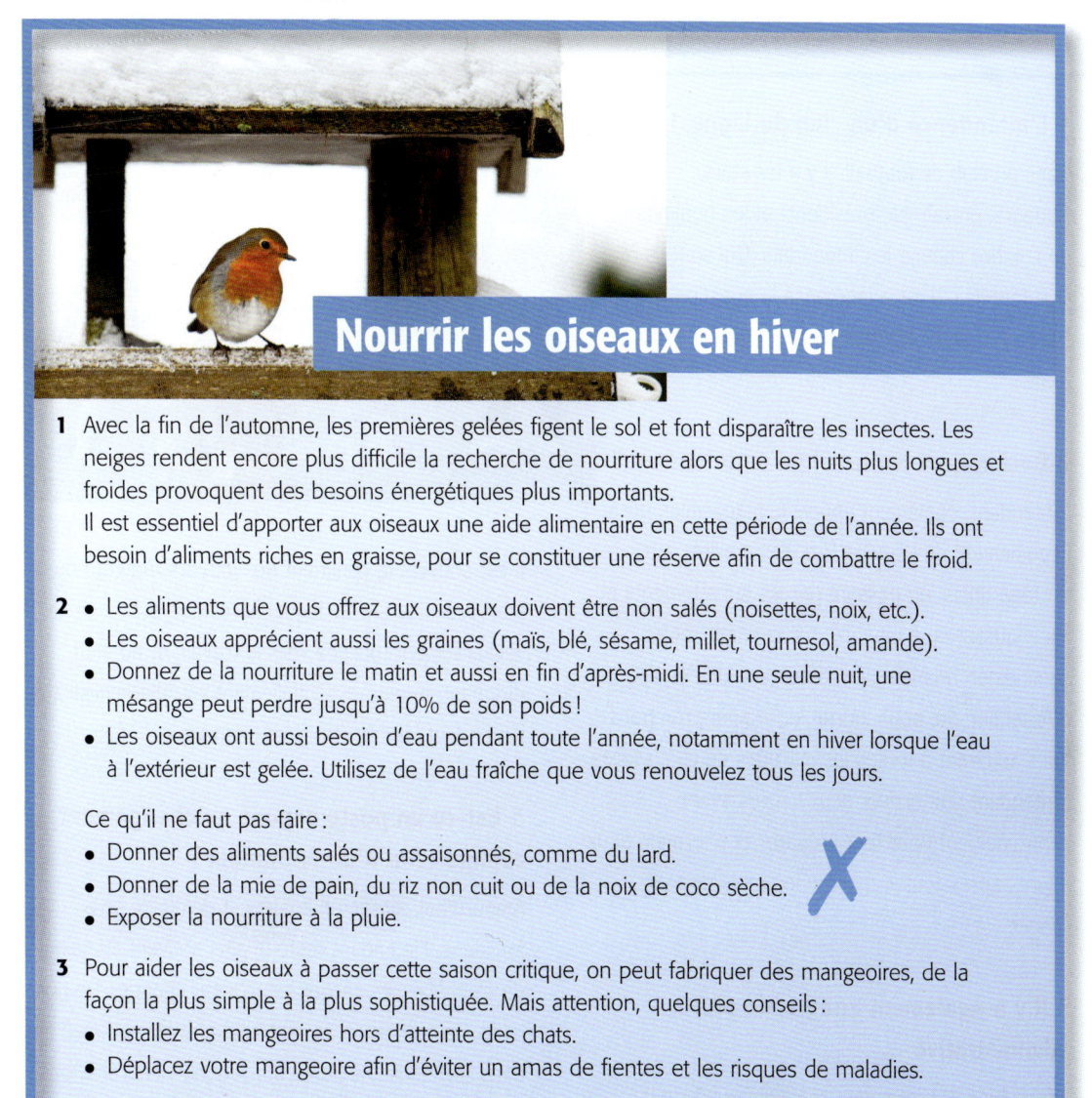

Nourrir les oiseaux en hiver

1. Avec la fin de l'automne, les premières gelées figent le sol et font disparaître les insectes. Les neiges rendent encore plus difficile la recherche de nourriture alors que les nuits plus longues et froides provoquent des besoins énergétiques plus importants.
   Il est essentiel d'apporter aux oiseaux une aide alimentaire en cette période de l'année. Ils ont besoin d'aliments riches en graisse, pour se constituer une réserve afin de combattre le froid.

2. - Les aliments que vous offrez aux oiseaux doivent être non salés (noisettes, noix, etc.).
   - Les oiseaux apprécient aussi les graines (maïs, blé, sésame, millet, tournesol, amande).
   - Donnez de la nourriture le matin et aussi en fin d'après-midi. En une seule nuit, une mésange peut perdre jusqu'à 10% de son poids !
   - Les oiseaux ont aussi besoin d'eau pendant toute l'année, notamment en hiver lorsque l'eau à l'extérieur est gelée. Utilisez de l'eau fraîche que vous renouvelez tous les jours.

   Ce qu'il ne faut pas faire :
   - Donner des aliments salés ou assaisonnés, comme du lard.
   - Donner de la mie de pain, du riz non cuit ou de la noix de coco sèche.
   - Exposer la nourriture à la pluie.

3. Pour aider les oiseaux à passer cette saison critique, on peut fabriquer des mangeoires, de la façon la plus simple à la plus sophistiquée. Mais attention, quelques conseils :
   - Installez les mangeoires hors d'atteinte des chats.
   - Déplacez votre mangeoire afin d'éviter un amas de fientes et les risques de maladies.

Statement		True	False
(a)	Insects disappear in autumn once it becomes frosty. (**part 1**)	☐	☐
(b)	Birds need fatty foods to help them survive the cold. (**part 1**)	☐	☐
(c)	Birds need salty nuts. (**part 2**)	☐	☐
(d)	Birds don't need water during the winter. (**part 2**)	☐	☐
(e)	Bird tables should be out of reach of cats. (**part 3**)	☐	☐
(f)	Bird tables should be left in the same position all winter. (**part 3**)	☐	☐

Question 10

Read this article about Bachir Nehar, who works on the background staff looking after all the needs of the players of the premier league club AS Monaco, and answer the questions.

1 L'intendance d'un club de Ligue 1

Dans un club de football, il y a les stars (joueurs, entraîneur, président) et les hommes de l'ombre comme les intendants. Qui sont-ils ? Que font-ils ? Nous avons posé la question à Bachir Nehar, l'intendant de l'AS Monaco depuis 8 ans.

2 Bachir, quel est le rôle d'un intendant ?

L'intendant, également appelé le magasinier, gère l'équipement de l'équipe Pro, des maillots aux protège-tibias, en passant par les survêtements et les chaussures. À Monaco, par exemple, nous sommes en relation avec l'intendant de l'équipe d'Argentine qui nous fournit les « super-crampons » qui s'adaptent à toutes les marques de chaussures. L'intendant doit arriver deux heures avant l'entraînement pour tout préparer et il termine deux heures après tout le monde, le temps de tout ranger.

3 Il y a également une partie plus administrative …

Effectivement. L'intendant s'occupe aussi de la réservation des hôtels, des bus, des billets d'avion … Il doit attendre de connaître la liste des joueurs convoqués par l'entraîneur pour pouvoir la communiquer ensuite à tous ces intervenants.

4 Qu'est-ce qui fait un bon intendant ?

Il est essentiel d'être parfaitement organisé. L'aspect psychologique est également primordial. Il est souvent le confident des joueurs. Au côté du staff technique, avec lequel la relation est exclusivement tournée vers le travail, et du staff dirigeant, orienté essentiellement vers l'administratif, l'intendant joue le « troisième homme ».

5 Est-ce un poste exposé au changement, comme celui d'un entraîneur ?

Aujourd'hui, lorsqu'un coach est démis de ses fonctions, l'intendant reste le plus souvent au sein du club. Mais les choses pourraient changer. De nos jours, un technicien arrive toujours avec son staff dans son nouveau club. Pourquoi ne viendrait-il pas avec son propre intendant dans un futur proche ?

6 Comment devient-on intendant ?

Aucun diplôme n'est exigé. Il suffit d'avoir des relations dans le milieu du foot et le bouche à oreille fait le reste. Le coach doit avoir une totale confiance en vous. C'est la seule chose qui compte.

quatre-vingts

1   For how long has Nehar had this job? (**part 1**)
    _____

2   Name **two** of the items of players' gear for which Nehar says he is responsible. (**part 2**)

    (a) shorts and socks

    (b) shorts and boots

    (c) tracksuits and boots

    (d) shorts and tracksuits

3   When does he arrive for work on a training day? (**part 2**)
    _____

4   Besides booking hotels for players, what else is he responsible for? (**part 3**)
    _____

5   What does he say is the key to being successful in his job? (**part 4**)

    (a) being organised

    (b) having a psychology degree

    (c) working hard

    (d) having good staff

6   What happens when a coach leaves the club? (**part 5**)
    _____

7   What is the most important factor in relation to the team coach? (**part 6**)
    _____

Paper Five

Question 1

Match the following sets of signs and pictures. Indicate your answer in all cases by inserting the letters which correspond to the numbers in the boxes below.

No.	Letter
1	
2	
3	
4	
5	
6	
7	
8	
9	
10	

quatre-vingt-deux

Question 2

Read the signs/texts which follow and answer all the questions.

1. You are in a chemist's shop in France and you want to buy some toothpaste. Which of the following signs would you look for? Select a, b, c or d. Write your answer in the box.

    (a) Savon

    (b) Dentifrice

    (c) Brosses à dents

    (d) Crème solaire

2. You have lost your purse and need to find the police station. What sign do you look for? Select a, b, c or d. Write your answer in the box.

    (a) Gendarmerie

    (b) Station de métro

    (c) Mairie

    (d) Station-service

Question 3

This is a sign which would interest

Soldes cette semaine sur tous les vêtements

(a) those looking for a new car.

(b) those who want to have their pets treated.

(c) those who want a bargain in clothes.

(d) those who want to buy a new bike.

Question 4

This sign indicates that

Maison à louer

(a) this house is for sale.

(b) this house is to be auctioned.

(c) this house is to be knocked down.

(d) this house is for renting.

reading comprehension

quatre-vingt-trois

Question 5

Read this article about eco-friendly ways of travelling to school and answer the questions.

3 RAISONS D'ALLER À L'ÉCOLE À PIED OU À VÉLO

1 Tu protèges l'environnement

Tu ne le savais pas ? Les trajets les plus courts (moins de deux kilomètres) sont les plus polluants. Moins de trajets en voiture, ça fait moins d'émissions de gaz polluants. Et la planète te dit merci !

2 Tu fais du sport

30 minutes d'activité physique par jour ? Facile ! Un kilomètre à pied représente 12 minutes environ. En plus, un peu de sport matinal favoriserait ta concentration et ton apprentissage. Que du bénéf !

3 Tu protèges les autres

Grâce à toi, il y a moins de voitures aux abords des écoles, donc moins de risques d'accidents.

Les Clés de l'Actualité Junior, n° 619

(a) According to **point 1**, which journeys are most harmful to the environment?
_____

(b) In what way, according to **point 2**, does walking to school help you in class?
_____

(c) According to **point 3**, how do you cut down the risk of accidents near schools?
_____

Question 6

Read this newspaper advertisement and answer the questions.

Don du sang à la plage !

Pour encourager les donneurs, un camion sera stationné tous les mercredis après-midi de la mi-juillet à la mi-août devant la plage de la Corniche.

Ne pas absorber de matières grasses et d'alcool au cours du repas qui précède le prélèvement !

(a) What is being collected? ___blood___

(b) During which months will the collection take place? _____

(c) Where will the collection take place? _____

(d) What are you asked to avoid beforehand? ___don't absorb fat r alcohol___

quatre-vingt-quatre

Question 7

The following is a recipe for a delicious dessert. Read it and indicate with a tick (✓) whether the statements are **True** or **False**.

*This is typical of a question on an **Ordinary** Level paper.*

Aumônières en chaud-froid

Pour 6 personnes • Préparation : 30 min • Attente : 1h • Cuisson : 20 min

Pour la pâte à crêpes :
- 25 cl de lait
- 3 œufs
- 50 g de beurre demi-sel
- 125 g de farine

Pour la garniture :
- 4 oranges
- 1/2 litre de crème glacée vanille
- 100 g de sucre en poudre
- 2 bâtons de cannelle

1. Mélangez les œufs et la farine en une pâte lisse. Ajoutez progressivement le lait puis 25 g de beurre fondu. Réservez 1h.
2. Mélangez la pâte. Cuisez les crêpes dans une crêpière beurrée.
3. Rincez et essuyez deux oranges. Taillez-les en fines rondelles. Portez à ébullition 10 cl d'eau avec le sucre. Plongez-y les oranges et la cannelle.
4. Laissez frémir 5 min à feu doux. Pelez le reste d'oranges et retirez les quartiers. Ajoutez-les au sirop et gardez au chaud au bain-marie.
5. Répartissez les oranges sur les crêpes. Garnissez-les d'une boule de glace. Liez en aumônières et servez entouré de sirop.

Statement	True	False
(a) One of the ingredients used is flour.	☐	☐
(b) According to **point 1** you first mix the eggs with the flour.	☐	☐
(c) According to **point 2** you cook the crêpes in a pan of boiling water.	☐	☐
(d) According to **point 4** you cut the oranges in quarters.	☐	☐
(e) **Point 5** tells you to serve the cooked oranges with ice-cream.	☐	☐

quatre-vingt-cinq

Question 8

Here are the horoscopes, which appeared in a local French newspaper. Read them and then answer the following questions. You may use the French names for the star signs.

Poissons *(19 février – 20 mars)*
Cœur : Une grande surprise vous attend.
Jour de chance : jeudi
Vie scolaire : Vous avez bien travaillé. L'un de vos profs est très content de votre travail.
Santé : Vous devez faire plus d'exercice. Abandonnez l'écran de télévision et allez faire du jogging.

Gémeaux *(22 mai – 21 juin)*
Cœur : Vous obtenez ce que vous voulez.
Jour de chance : vendredi
Vie scolaire : Problèmes avec un prof, mais avec l'aide de l'un de vos camarades de classe, cela se résoudra bientôt.
Santé : Ne passez pas autant de temps devant l'ordinateur ! Laissez le vent souffler dans vos cheveux : passez plus de temps dehors.

Bélier *(21 mars – 20 avril)*
Cœur : De bons rapports avec tout le monde cette semaine, même avec un membre de votre famille qui vous énervait récemment.
Jour de chance : mercredi
Vie scolaire : De bonnes notes dans une matière que vous trouvez difficile.
Santé : Attention ! Vous manquez de sommeil. Couchez-vous un peu plus tôt.

Cancer *(22 juin – 22 juillet)*
Cœur : De belles journées à venir. Un coup de téléphone vous donnera de bonnes nouvelles.
Jour de chance : lundi
Vie scolaire : Vos résultats seront très satisfaisants et vos parents seront ravis.
Santé : Vous aurez plus d'énergie cette semaine.

Taureau *(21 avril – 21 mai)*
Cœur : Querelle avec un ami. Essayez de trouver une solution.
Jour de chance : dimanche
Vie scolaire : Ne faites pas de bêtises en classe ! Vous bavardez trop !
Santé : Vous êtes plein d'énergie cette semaine. C'est l'occasion de reprendre un sport que vous avez négligé depuis longtemps.

Lion *(23 juillet – 22 août)*
Cœur : Pour vous c'est l'amour et le grand bonheur cette semaine.
Jour de chance : samedi
Vie scolaire : Quelques problèmes avec un prof. Soyez sage !
Santé : Pour éviter la déprime, sortez !

Readers of which star sign

(a) should go to bed a bit earlier? _____

(b) will have a disagreement with a friend? _____

(c) will get good news by phone? _____

(d) can expect a nice surprise? _____

quatre-vingt-six

Question 9

This is the story of an extraordinary woman who wishes to find a husband for the first time. Read the newspaper report and answer the questions that follow.

Pour la première fois, elle voudrait se marier !

1 Une femme chinoise a décidé de chercher un époux pour la première fois. Rien d'extra-ordinaire ! Mais ce qui est un peu étonnant est qu'elle a cent sept ans.

2 Wang Guiying a parlé avec un journaliste et lui a précisé les raisons pour lesquelles elle ne s'est jamais mariée. Elle a grandi dans une petite ville dans la province de Guizhou. Là, elle voyait que la vie d'une épouse n'était pas toujours agréable. Ses tantes devaient toujours obéir à leur mari, souvent sous peine d'être battues. Wang Guiying avait décidé qu'elle ne voulait pas exister comme elles.

3 Après la mort de ses parents et sa sœur unique, elle a continué d'habiter seule et elle travaillait dans les champs jusqu'à l'âge de soixante-quatre ans. Puis elle a déménagé et elle a habité avec ses neveux et nièces, la plus jeune ayant 60 ans.

4 Mais, maintenant elle craint de devenir un poids pour ses neveux et nièces qui s'occupent d'elle. « Eux aussi, ils vieillissent. Ils n'auront pas le temps de s'occuper d'une vieille dame comme moi », a-t-elle constaté.

5 Elle a des idées fixes sur l'homme de ses rêves. « Je cherche un homme en bonne santé, un autre centenaire, afin que nous puissions partager les mêmes souvenirs des années vécues ».

Bonne chance Wang Guiying !

(a) What nationality is this lady? (**part 1**)

chinese

(b) What age is she? (**part 1**)

_107_

(c) Why did she never marry before? (**part 2**)

She thought being a wife'd be unpleasant.

(d) Up to what age did she continue to work in the fields? (**part 3**)

_64_

(e) Why has she now decided to marry? (**part 4**)

she's aging, afraid 2 b a burden to her nephews + nieces

(f) Name **one** quality she is looking for in a husband. (**part 5**)

healthy

quatre-vingt-sept

Question 10

Anya Moreau is a clown who uses her talents to bring joy to children who have been affected by disaster. Read what she says and answer the questions that follow.

Anya, clown sans frontières

Solidarité. Les clowns sans frontières apportent le rire dans des régions frappées par des drames.

1 Comment es-tu devenue clown sans frontières ?

Anya : Je connaissais l'association depuis cinq ou six ans et la responsable artistique de la mission en Asie. Quand elle m'en a parlé, je me suis dit que c'était le moment de partir. Je l'ai appelée le lendemain en lui disant : « Je veux partir, je veux partir ». Et elle m'a sélectionnée.

2 Quel est le secret pour faire rire dans un pays dont tu ne parles pas la langue ?

A. : La solution, c'est justement de ne pas trop parler. Nous ne faisons pas de mime, mais plutôt du théâtre gestuel, de la danse, de l'acrobatie, de la musique et de la magie. Le langage que nous utilisons est assez universel.

Fiche d'identité

Prénom : Anya
Nom : Moreau
Nationalité : française
Âge : 44 ans
Profession : comédienne
Sa mission : jouer un spectacle dans les zones touchées par la guerre en Birmanie
Signe particulier : porte toujours une robe à pois et un gros nez rouge

3 Pourquoi avoir envie de faire rire ?

A. : Lors de ma mission, je suis allée dans des camps de réfugiés, ou la population vit dans des conditions très difficiles. Nombreux sont ceux qui ont perdu un membre de leur famille. Et nous, nous arrivons déguisés en clowns, avec des costumes très colorés, de la lumière, de la musique, de la joie, et je pense que nous laissons un souvenir inoubliable. Voir des enfants rire est un cadeau magnifique.

4 **Qu'est-ce qui est le plus difficile ?**
A. : Dire au revoir. Nous venons jouer dans un village, nous restons avec les gens et ensuite nous devons repartir. C'est toujours un déchirement, on a un pincement au cœur.

(a) According to her biographical details, what does Anya wear besides a spotted dress? (**fiche d'identité**)
big red nose

(b) For how long did she know about the organisation 'Les Clowns sans Frontières'? (**part 1**)
5 or 6 years

(c) How long did she take to make her decision to go there? (**part 1**)
ASAP

(d) How does she solve the problem of making someone laugh whose language she doesn't speak? (**part 2**)
music, dance, acrobats, magic

(e) Name two techniques she uses in her act. (**part 2**)
dresses as mime

(f) In what way have many of the children suffered? (**part 3**)
lost family members

(g) What effect does Anya think the clowns have on the children? (**part 3**)
make em laugh

(h) What part of her job does she find most difficult? (**part 4**)
Saying goodbye 2 people

reading comprehension

89

quatre-vingt-neuf

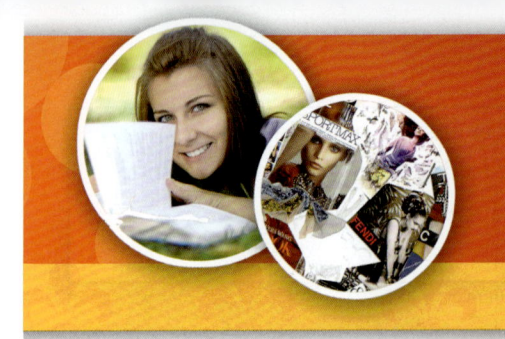

Paper Six

Question 1

Match the following sets of signs and pictures. Indicate your answer in all cases by inserting the letters which correspond to the numbers in the boxes below.

No.	Letter
1	
2	
3	
4	
5	
6	
7	
8	
9	
10	

1. (café/restaurant scene)
2. DOUCHES
3. (cathedral)
4. DÉFENSE DE FUMER
5. (bus/coach station)
6. SORTIE
7. (beach with deckchairs)
8. ŒUFS FRAIS
9. (wine merchant)
10. TERRAIN DE FOOT

A. ÉGLISE
B. (hen and eggs)
C. LOCATION TRANSATS 100 M
D. (football players)
E. MARCHAND DE VINS
F. (showers)
G. BUFFET
H. (cinema)
I. GARE ROUTIÈRE
J. (no smoking)

quatre-vingt-dix

Question 2

Read the signs/texts which follow and answer all the questions.

1. You and your friends are in a French town and want to sample some pancakes. In which shop would you find them? Select your answer a, b, c or d. Write your answer in the box.

    (a) Pharmacie

    (b) Confiserie

    (c) Boulangerie

    (d) Crêperie

2. These are signs in a pet shop window in France. Which one indicates they sell puppies? Select a, b, c or d. Write your answer in the box.

    (a) Vente chatons

    (b) Vente perroquets

    (c) Vente chiots

    (d) Vente lapins

Question 3

Where would you be most likely to see this sign?

Accès aux quais

(a) in a shopping mall

(b) in a railway station

(c) in a car park

(d) in a motorway service station

Question 4

What does this sign tell you?

Ascenseur en panne

(a) The lift is out of order.

(b) The lift is full.

(c) The lift is being painted.

(d) The lift is stuck between floors.

quatre-vingt-onze

Question 5

Read this brochure for an animal farm and answer the questions that follow.

(a) Name **one** item you can learn to make in the workshops.

_____

_____

(b) What is forbidden on the farm?

_____

_____

(c) During which months is the park open every day?

_____

_____

FERME DE DÉCOUVERTE

BALADE À PONEY

ATELIERS (PAIN, BEURRE, PAPIER), LE GOÛT, LE SOLAIRE, LE BIO, ETC. ...

CHIENS INTERDITS

COIN PIQUE-NIQUE OMBRAGÉ, BARBECUE, JEUX ...

Ouverte tous les jours de juillet et août, 10h à 19h

Hors saison : mercredi, samedi, dimanche 14h30 à 18h

Vacances scolaires : tous les après-midi

Route de Taxo 66 690 Saint André
Tél. 04 68 89 16 39

Question 6

Read this advertisement for holiday homes in the Dordogne and answer the questions that follow.

Votre Résidence Secondaire en Dordogne Vente de Mobil-homes

Le Moulinal

Autour de l'ancien moulin du château de Biron, sur un site boisé de 18 hectares, Le Moulinal vous offre tous les charmes de la pleine nature en bordure d'étang.

Escalade, spéléologie, équitation, VTT ... les escapades sont multiples et variées, sans oublier les animations pour les enfants qui font du Moulinal un cadre authentique et chaleureux.

Piscine
Étang pour la Pêche/Canoë
Épicerie
Bar/Restaurant

Laverie
Borne internet
Location VTT/Canoë
Animation en saison

Venez voir ce site magnifique

Le Moulinal, Biron, 24540, Dordogne.

1   What does the advert tell you about the actual site?

   (a) it's old   (b) it's wooded   (c) it's beside a river   [ ]

2   Apart from horse-riding, name **two** activities available.

   (a) _____

   (b) _____

3   Which of the following is available on the site?

   (a) games room   (b) facilities for pets   (c) internet connection   [ ]

Question 7

This is an extract from information given to parents of pupils at the École Jules Ferry in the town of Perpignan. Read the information and using a tick (✓), say whether the statements are **True** or **False**.

L'école en bref

Le personnel communal assure gratuitement les garderies.

Pour les petits, à l'école maternelle :
Le matin, à partir de 7h00 et le soir, jusqu'à 18h30.

Pour les plus grands à l'école primaire :
Le matin, à partir de 7h30 et le soir, jusqu'à 18h15.

Apprentissage des langues :
L'initiation aux langues est obligatoire pour tous les enfants de CE2, CM1 et CM2. Elle est également recommandée pour les enfants de CE1. Les professeurs enseignent l'espagnol, le catalan et l'anglais.

Le transport scolaire de et jusqu'à l'école :
Il est assuré en car, par les services du Conseil Municipal de Perpignan. Les enfants sont encadrés.

Statement		True	False
(a)	The child-minding services are free.	☐	☐
(b)	Primary school children can stay until 6.30 p.m.	☐	☐
(c)	Children must start a second language in CE1.	☐	☐
(d)	Languages offered include Spanish.	☐	☐
(e)	School buses provide transport.	☐	☐

Question 8

You and your parents are on holiday in Marseilles and would like to eat out. Read the advertisements and answer the questions that follow.

1 LE GRAND BLEU

Plan-de-Campagne
Grand buffet dansant + plats chauds servis 21 € tous les samedis soir.
Mercredis et vendredis : Buffet Dansant avec Orchestre 18 €.
Thé Dansant le dimanche avec Buffet à partir de 12h30 (formule 15 €).
Baptêmes Repas C.E.
Tél. 04 42 31 82 31
Tél. 06 25 09 51 56

2 LA MAISON DES FONDUES

80 sortes de fondues et l'incontournable fondue aux chocolats.
20 ans d'existence est la preuve de notre sérieux et savoir-faire.
Venez nous retrouver ou nous découvrir.
Ouvert 7j / 7 jours le soir uniquement.
1, avenue de la Pointe Rouge,
13008 Marseille
Tél. 04 91 73 88 88

3 LE ZEN

Restaurant – Pizzeria – Piscine
Pizzas, grillades au feu de bois.
Ouverture du lundi au dimanche tous les midis.
Jeudi, vendredi et samedi soir.
Réservez dès maintenant au
06 23 88 51 63
Centre Commercial
Plan-de-Campagne
Avenue Étienne Rabattu
13480 Cabriès

4 BISTROT PLAGE

Vue sur la rade et les îles de Marseille.
Spécialités de la mer.
Pizza – Poissons
Anniversaire – Mariages
Ouvert 7 / 7 jours de 10h00 à 2h00 du matin.
60, corniche Kennedy
Marseille 7e
Tél. 04 91 31 80 32

5 L'ASSIETTE AUX HERBES

Cuisine Provençale et Créole
TAPAS ou à la carte
Cocktails – Séminaires – Anniversaires
Plats à emporter
Ouvert vendredi et samedi après spectacles
Les midis du lundi au samedi
15, rue Louis-Maurel (Castellane)
13006 Marseille
Tél. 04 91 37 59 18

6 FRUITS DE LA PASSION

Dîner dansant les vendredis et samedis soir
Cuisine créole 25 €
Apéritif et vin compris
7, Montée du Commandant Robien
13011 Marseille
(proximité cinéma Les 3 Palmes)
Tél. 04 91 44 27 59
Tél. 06 88 82 30 57

7 LE MAJESTIC

Thé et dîner dansant
28, Av. de St-Roch
13740 Le Rove

Ouvert vendredi et samedi 20h00 à 2h00 avec ou sans dîner
dimanche NON STOP de 14h45 à 2h00 avec ou sans dîner

Ouvert tous les jours fériés
Tél. 04 91 46 95 38

Marseille Plus

Write down the name of the restaurant where

(a) you can eat seafood. _____

(b) wine is included in the price of the meal. _____

(c) you can get take-way food. _____

(d) you can get barbecued food. _____

quatre-vingt-quatorze

Question 9

Read this article on sunbathing and answer the questions that follow.

Huit recommandations pour bien profiter du soleil :

1 Préparez votre peau au soleil : pour un bronzage durable, consommez des produits riches en carotène (carottes, tomates, fruits colorés, etc.).

2 Surtout, évitez de vous exposer pendant les heures les plus chaudes de la journée. Les rayons sont particulièrement brûlants entre 11 heures et 16 heures.

3 Pensez à protéger vos cheveux du soleil, de l'eau de mer, du sable et du vent. Si vous allez à la plage, lavez soigneusement vos cheveux en fin de journée avec un shampooing spécifique.

4 Lisez bien les notices des médicaments que vous prenez avant de vous exposer au soleil. Certains médicaments peuvent provoquer des taches sur la peau.

5 Lorsque l'on s'expose au soleil, il faut boire au moins 1,5 litre d'eau dans la journée pour éviter de se déshydrater.

6 Choisissez votre crème solaire en fonction de votre type de peau, et non pas celle de vos amis. Le choix se fait en fonction de l'endroit où vous passez vos vacances. Le soleil peut être plus fort sous les tropiques et à la montagne qu'à la campagne ou dans votre jardin.

7 Appliquez votre crème solaire plusieurs fois par jour, surtout après un bain de mer ou après vous être essuyé(e).

8 Protégez vos yeux ! Ne choisissez pas des lunettes de soleil parce qu'elles sont à la mode. Pensez surtout à vous protéger. Les rayons font bronzer la peau, mais ils peuvent aussi faire « bronzer » les yeux !

(a) Name **one** type of food you should eat to prepare your skin to take the sun. (**item 1**)

(b) When are the sun's rays particularly dangerous? (**item 2**)

(c) Besides the sun, what else may damage your hair? (**item 3**)

(d) What should dictate the type of sun cream you use? (**item 6**)

(e) When, in particular, should you apply your sun cream? (**item 7**)

(f) Why should you wear sun glasses? (**item 8**)

quatre-vingt-quinze

Question 10

Read this interview with singer/actress Miley Cyrus and answer the questions that follow.

Miley Cyrus

Entre tournages, rumeurs et récompenses Miley Cyrus n'a pas une minute à elle. Mais elle ne s'en plaint pas, car elle a une vie de rêve et surfe tout en haut de la vague avec les plus grandes stars. Pourvu que ça dure!

1 15 ans noir sur blanc!

« Je suis super excitée à l'idée de faire connaître à mes fans toutes les choses importantes de ma vie. Je veux montrer combien mes relations avec ma famille sont importantes pour moi. J'aimerais motiver toutes les mamans et leurs filles à construire des relations aussi fortes que celles que j'ai avec ma mère. »

2 Ça gratouille!

« J'ai toujours voulu jouer de la guitare aussi bien que mon père. Étant plus jeune, c'était une obsession. Une fois, il m'a surprise sur scène au Festival de Nashville en train de jouer du mieux que je pouvais. Depuis, je n'ai pas arrêté de m'exercer. »

« Mon pire défaut ? Je suis incapable de garder un secret. Mais j'en ai un autre. Je suis toujours en compétition. L'année où je me suis inscrite à l'émission *In Fact*, je me suis fâchée avec mon petit ami parce qu'il s'y était inscrit aussi. »

3 Trop fan!

« Je n'ai jamais caché que j'étais fan d'Hilary Duff et d'Ashley Simpson. Il y a quelque temps, je me suis retrouvée face à Pete Wentz, le mari d'Ashley et j'ai craqué. Comme je savais qu'ils attendaient un bébé, j'ai foncé sur lui et je lui ai dit : « Si vous en avez besoin, je veux bien faire la baby-sitter ! »

« Je suis trop occupée ces temps-ci pour penser à l'amour. Je voyage tout le temps, j'ai les caméras braquées sur moi … Ce n'est pas l'idéal pour démarrer une histoire d'amour … J'ai pas mal de copains, mais pas de petit copain pour l'instant. »

4 Toute simple !

« J'adore essayer plein de tenues pour *Hannah Montana*, porter de belles robes quand je vais assister à une cérémonie. Mais dans la vie, je suis très simple. Plutôt du genre à porter mon jean préféré et une paire de baskets. »

5 Le rêve !

« L'un de mes meilleurs moments depuis que j'ai décroché le rôle de *Hannah Montana* a été le jour où j'ai signé un contrat avec Hollywood Records pour quatre albums. Parce que c'est le même label qu'Hilary Duff, mon modèle absolu ! »

« Ma famille est géniale mais un peu compliquée. J'ai un petit frère qui s'appelle Braison, deux demi-frères plus âgés, Trace et Christopher. Et une demi-sœur, Brandi. Mais la seule chose importante, c'est qu'on est tous des Cyrus ! »

Star Club, n° 251, octobre

(a) Why is Miley happy about her book? (**part 1**)

(b) What is her hope for all mothers and daughters? (**part 1**)

(c) What has always been an obsession for her? (**part 2**)

(d) Name **one** of her main faults. (**part 2**)

(e) What did she offer to do for Ashley Simpson and her husband? (**part 3**)

(f) Why is it difficult for her to have a boyfriend at the moment? (**part 3**)

(g) What type of clothes does she wear every day? (**part 4**)

(h) Why was she so delighted to sign a contract with Hollywood Records? (**part 5**)

(i) Who is Trace? (**part 5**)

Paper Seven

Question 1

Match the following sets of signs and pictures. Indicate your answer in all cases by inserting the letters which correspond to the numbers in the boxes below.

No.	Letter
1	
2	
3	
4	
5	
6	
7	
8	
9	
10	

1. POULETS RÔTIS
2. LA PETITE ABEILLE
3. MAISON DE LA PRESSE
4. (shoe shop window)
5. AUBERGE DE JEUNESSE
6. (driving lesson)
7. DANGER VIRAGES
8. (woman toilet sign)
9. PISCINE MUNICIPALE
10. (traffic lights)

A. (winding road)
B. LOCATION VOITURES 200 KM
C. (swimming)
D. ENTRÉE
E. (newsagent)
F. TOILETTES-FEMMES
G. (dormitory beds)
H. ATTENTION! FEUX DE SIGNALISATION
I. (chicken being roasted)
J. RAYON CHAUSSURES

quatre-vingt-dix-huit

Question 2

Read the signs/texts which follow and answer all the questions.

1. You are staying on a French campsite. Which sign tells you where to find the showers? Select a, b, c or d. Write your answer in the box.

    (a) Aire de jeux

    (b) Laverie

    (c) Accueil

    (d) Douches chaudes

2. You are travelling by road in France. Which of these signs informs you of lorries exiting? Select a, b, c or d. Write your answer in the box.

    (a) Sortie de camions

    (b) Toutes directions

    (c) Sens unique

    (d) Aire de repos

Question 3

What does this sign tell you?

PARKING GRATUIT

(a) The car park is full.

(b) It's free to park here.

(c) The car park has spaces.

(d) This is not a parking space.

Question 4

This sign tells you

Gardez les chiens en laisse

(a) there are guard dogs patrolling this area.

(b) you can let your dog off its leash in this area.

(c) you must keep your dog on its leash in this area.

(d) you can buy a guard dog here.

quatre-vingt-dix-neuf

Question 5

Read this article taken from a newspaper and answer the questions.

(a) What does the number 1600 represent?

_____

_____

(b) What has the WWF done recently?

_____

_____

(c) Where did the exhibition take place?

_____

_____

Pandas en papier

1600. C'est le nombre de pandas qui vivent encore dans le monde selon le WWF*. Cette organisation mondiale de protection de l'environnement a fait du panda son emblème. Pour fêter ses trente-cinq ans, le WWF a mis en place une exposition de 1600 pandas en papier mâché dans le jardin de l'hôtel de ville de Paris.

*Worldwide Fund for Nature

Question 6

Read this leaflet about a visit to the area where French film maker Marcel Pagnol filmed many of his works and answer the questions.

Randonnées théâtrales
Manon des Sources
Vivez Pagnol !

Pendant un circuit pédestre d'environ 10 km, dans les pas de *Marcel Pagnol*, vivez une de ses œuvres, comme si vous y étiez …

Les dimanches : 12 octobre – 19 octobre – 26 octobre – 02 novembre
Réservations
Infos pratiques

Adulte : 33 €
Enfant : 16 € (entre 6 et 12 ans – gratuit pour les moins de 6 ans)
Groupe : 27 € (tarif individuel pour un groupe de 10 personnes et plus)

Prévoir pique-nique, boisson et chaussures de marche
Durée : de 8h30 précises à 18h00 environ

1. This tour is

    (a) on foot   (b) by coach   (c) on horseback   ☐

2. On what day of the week does it take place? _____

3. Name **one** item you should bring with you. _____

Question 7

Read this recipe and answer the questions that follow.

Biscuits de Noël

Biscuits
1/2 verre d'huile
1/2 verre de miel
1/2 verre de sucre en poudre
2 verres de farine
1 jaune d'œuf (gardez le blanc pour le glaçage)
1/2 cuillerée à café de poudre de cannelle
1/2 cuillerée à café de noix de muscade râpée
1 pincée de poudre de gingembre
1 pincée de sel

Glaçage
100 g sucre glace
1 blanc d'œuf
2 cuillerées à café de jus de citron

Préparation
1. Mélangez ensemble le jaune d'œuf, le miel, l'huile et le sucre.
2. Versez la cannelle, le sel, la muscade et le gingembre.
3. Ajoutez petit à petit la farine et mélangez à la main.
4. Si la pâte colle, ajoutez un peu de farine.
5. Étalez la pâte sur du papier cuisson.
6. Découpez des formes à l'aide d'un emporte-pièce.
7. Faites cuire 15 mn au four, Th 5 (190 degrés).
8. Préparez le glaçage blanc pour décorer les biscuits.

1. Which of the following ingredients is **not** included in the recipe for biscuits?
   (a) margarine
   (b) sugar
   (c) ginger
   (d) honey

2. What part of the egg is used for the icing?
   _____

3. According to **instruction 3**, how should you add the flour?
   _____

4. For how long do you bake the biscuits?
   _____

cent un

Question 8

Seven young people give their opinions on their favourite sports, which are rather unusual. Read their comments and then answer the questions below.

Je m'appelle Julien et j'ai 16 ans. Mon passe-temps favori ? C'est faire du roller. J'ai déjà participé à plusieurs championnats avec succès. Ma spécialité ? Le roller sur rampe, l'une des disciplines les plus spectaculaires.

Moi, je m'appelle Magali. Je suis suisse. Mon sport favori – c'est le snowboard. J'ai débuté dans le snowboard quand je n'avais que huit ans. C'est quelquefois dangereux, mais je connais mes limites et ça, c'est important.

Bonjour ! Ici Charles. Moi, je pratique le surf. Ce sport consiste à descendre une vague, en équilibre sur une planche. Les meilleurs champions peuvent dévaler des vagues de 20 mètres, hautes comme un immeuble de 6 étages. L'année dernière, je suis allé en Irlande, dans le comté de Sligo, pour faire ce sport.

Salut ! Je m'appelle Toni. Ma passion, c'est le jumping. Ce sport consiste en une course d'obstacles en équitation. Mon cheval s'appelle Beauty et nous avons participé à plusieurs compétitions ensemble.

Je m'appelle Manon. Le sport que je trouve le plus impressionant, c'est le motocross. On prend des risques, les figures sont difficiles et donnent des sensations. Il faut toujours porter le matériel nécessaire pour se protéger.

Laure ici. J'habite au Canada. Mon passe-temps favori, c'est le hockey sur glace. On dit que c'est un sport assez exigeant et parfois dangereux. Mais, à mon avis, si on respecte les réglements il n'y a pas de problèmes.

Salut, je suis Malika. Je fais de l'escalade. Je suis membre d'un club et nous sortons dans les montagnes le week-end. C'est un sport passionnant, mais il faut être toujours vigilant. L'année dernière je suis allée en Suisse avec le club.

Name the person who says he/she

(a) started this sport at a young age. _____

(b) has won a number of tournaments. _____

(c) always wears the correct gear for the sport. _____

(d) went to Ireland last year for this sport. _____

cent deux

Question 9

Read the following article on the plight of native Indians in Peru, whose lifestyle is threatened by foreign exploration, and answer the questions that follow.

Les Indiens isolés du Pérou sont très menacés

1 Vingt et un individus ont été repérés au cours d'un survol aérien, au sud-est de l'Amazonie. C'est la preuve qu'il y a bien des Indiens isolés au Pérou (Amérique du Sud).

2 Les Indiens sont sortis de leur campement, situé sur la plage, pour observer l'avion et ils ont été photographiés. Lors d'un deuxième passage aérien, une Indienne armée de flèches et accompagnée d'un enfant a montré des gestes agressifs. Le reste du groupe s'est réfugié dans la forêt.

3 Il y a quinze groupes distincts d'Indiens isolés au Pérou, d'après *Survival*. Tous risquent de disparaître. Les territoires où ils habitent sont protégés, mais des exploitants forestiers hors la loi y coupent des arbres rares (acajou, cèdre) pour fabriquer des meubles.

4 Les personnes venant de l'extérieur leur transmettent des maladies contre lesquelles ils ne sont pas protégés. « Il est temps que leurs territoires soient respectés », insiste *Survival*.

S. Bordet www.survivalfrance.org
Mon Quotidien, octobre

1 What method of transport was used to observe the Indians? (**part 1**)

   (a) boat   (b) plane   (c) four-wheel drive

2 Name **one** fact about the Indian woman who was seen. (**part 2**)
___

3 Where did the rest of the tribe go? (**part 2**)
___

4 Despite the areas being protected, what is happening? (**part 3**)
___

5 What use is made of the plundered materials? (**part 3**)
___

6 What danger do the Indians run from outsiders coming into their territories? (**part 4**)
___

cent trois

Question 10

Read these interviews with the stars of the film *Twilight* and answer the questions that follow.

Kirsten Stewart, alias Bella

1 Qu'est-ce que tu as pensé de l'histoire ?

Ce qui m'a passionnée, c'est le fait qu'une adolescente puisse tomber amoureuse d'un vampire, Edward, qui paraît avoir le même âge qu'elle, mais qui a en fait 108 ans ! C'est amusant, parce que dans la plupart des films d'épouvante, les vampires sont les méchants …

2 Qui est le plus fort, lui ou toi ?

On pourrait croire que c'est lui, mais en fait, il n'est pas du tout sûr de lui. Alors que Bella est prête à prendre tous les risques pour préserver leur relation. C'est une très belle histoire d'amour.

3 Le tournage s'est bien passé ?

La météo changeait toutes les 5 minutes. Du coup, il a fallu tourner les scènes très rapidement. Cela nous a donc obligé à travailler vite, en nous concentrant vraiment sur chaque prise ! Catherine Hardwicke, la réalisatrice américaine, a une énergie incroyable et a su me donner confiance en moi …

cent quatre

Robert Pattinson, alias Edward

4 Comment on se sent, quand on joue un héros beau et dangereux ?

Si seulement c'était vrai en réalité ! Edward est un grand solitaire, un genre toujours intéressant à jouer car personne ne sait ce qu'il pense, même ceux qui sont proches de lui.

5 Quelle était la partie du tournage la moins agréable ?

Je devais porter des lentilles spéciales pour changer la couleur de mes yeux, et normalement, je n'en porte jamais. Ça me prenait 20 minutes tous les matins pour les mettre et c'était très douloureux. Le dernier jour de tournage, j'étais très heureux de les jeter le plus loin possible !

Julie, n° 126, janvier

(a) What did Kirsten find most exciting about the character Bella? (**part 1**)

(b) How are vampires usually portrayed? (**part 1**)

(c) Why does Kirsten think that Bella is the stronger character? (**part 2**)

(d) Why did they have to shoot each scene so quickly? (**part 3**)

(e) What does she say about the producer Catherine Hardwicke? (**part 3**)

(f) Why did Robert find the character so interesting to play? (**part 4**)

(g) What was the most unpleasant part of the filming for Robert? (**part 5**)

(h) What did he do on the last day of filming? (**part 5**)

Paper Eight

Question 1

Match the following sets of signs and pictures. Indicate your answer in all cases by inserting the letters which correspond to the numbers in the boxes below.

1	ASCENSEUR	A	(picture)
2	(picture)	B	ESSENCE
3	CAISSE RAPIDE	C	(picture)
4	(picture)	D	SORTIE D'USINE
5	LUNETTES	E	(picture)
6	(picture)	F	GENDARMERIE
7	HORLOGERIE	G	(picture)
8	(picture)	H	TERRAIN DE SPORTS
9	ARTICLES DE PÊCHE	I	(picture)
10	(picture)	J	QUAIS 1-5

No.	Letter
1	
2	
3	
4	
5	
6	
7	
8	
9	
10	

106
cent six

Question 2

Read the signs/texts which follow and answer all the questions.

1. You are in a French school. You want to find the staff room. Which of the following signs would you look for? Select a, b, c or d. Write your answer in the box below.

    (a) Salle d'informatique

    (b) Salle de réunion

    (c) Salle des professeurs

    (d) Salle d'attente

2. In which area of the supermarket would you find cold meats for your picnic? Select a, b, c or d. Write your answer in the box below.

    (a) Boucherie

    (b) Plats à emporter

    (c) Produits laitiers

    (d) Charcuterie

Question 3

This is an advertisement

> **Raccroche!**
> Peux-tu survivre sans ton portable?
> Prouve-le en participant du 6 au 9 février aux Journées Mondiales sans téléphone portable.

(a) offering you a new mobile phone.

(b) asking you to do without your phone on a certain day.

(c) suggesting you use your mobile phone around the world.

(d) asking you to take part in a race around the world.

Question 4

What does this sign indicate about the shop?

> *Fermé*
> *Congé annuel*

(a) It's closed for lunch.

(b) It's closed for a year.

(c) It's closed for the annual holidays.

(d) It's closed in preparation for its annual sale.

cent sept

Question 5

Read this advertisement for bed and breakfast accommodation in the Dordogne area and answer the questions that follow.

Les Hirondelles

Chambres d'hôte – dans grange rénovée.
Vues superbes !
Située en haut d'une colline avec une vue imprenable.
Petit-déjeuner complet – jus de fruit frais, céréales et yaourts, servis dans votre chambre ou dans le jardin.
Loisirs – VTT, canoë, équitation, ou passer un moment paisible autour de la piscine.

(a) What does the advertisement say about where the house is situated?

_____

(b) Where can you have your breakfast? _____

(c) Name **two** ways you can spend your leisure time when you stay at *Les Hirondelles*.

_____

_____

Question 6

Read this short news item and answer the questions that follow.

Nouveau Record !

Quarante-trois ! Un garçon de onze ans a placé quarante-trois escargots sur son visage pendant 10 secondes aux États-Unis. Il a ainsi battu le précédent record du monde, qui était de trente-sept. Mais sa performance n'a pas encore été validée par le livre Guinness des records.

(a) What age was this boy? _____11_____

(b) What did he do? _put ~~ate~~ 43 snails on his face in 10 seconds_

(c) Where did this attempt take place? _United States_

(d) What was the outcome? _He'll be in Guinness Book of records_

108

cent huit

Question 7

Read this article about judo as a team sport and answer the questions that follow.

Le Sport de Judo – en équipe

Tous les quatre ans, les meilleurs pratiquants de judo (les judokas) se réunissent pour défendre les couleurs de leur pays – les Championnats du Monde. Chaque pays doit envoyer ses deux meilleurs judokas ainsi que ses deux meilleures combattantes dans chacune des sept catégories de poids. L'équipe qui gagne les meilleurs places remporte l'épreuve. Le public adore assister à ces championnats, qui ont lieu pendant deux jours, car les résultats ne dépendent pas d'un, mais de plusieurs individus. Il y a donc plus de suspense et plus de surprise.

Bien sûr les Français seront là – ils ont eu du succès et le spectacle sera intense quand ils affronteront leurs meilleurs rivaux, les Japonais, les Turcs ou encore les Cubains. En France, c'est un sport qui attire beaucoup de participants – il est le troisième sport le plus pratiqué en club, après le foot et le tennis.

1. How often do the world championships in team judo take place?

   Every 4 years

2. How many entrants does each country send?
   - (a) two
   - (b) seven   [7]
   - (c) sixteen

3. Why does the public like these championships so much?

   _____

4. Name one of France's main opponents in these championships.

   Japanese

5. How popular is judo in France?

   very popular

Question 8

Read the synopses of the following films and write the name of the film that corresponds to the description.

Rédemption

Condamné pour plusieurs meurtres, un chef de gang de Los Angeles se met à écrire des histoires pour des enfants.

La Grande Inondation

Un raz-de-marée menace d'engloutir Londres. Trois experts n'ont que quelques heures pour sauver la Cité de la dévastation. Le centre-ville est menacé, risque de submerger la barrière de la Tamise; il faut donc faire évacuer au plus vite les millions d'habitation.

L'homme sans âge

Un linguiste septuagénaire, frappé par la foudre, rajeunit et se voit doté de pouvoirs étonnants.

Le Monde de Nemo

Marin, le poisson clown brave mille dangers pour sauver son fils Nemo, capturé par un dentiste aquariophile.

Sept Vies

Hanté par un secret, Ben Thomas cherche sa rédemption en transformant radicalement la vie de sept personnes qu'il ne connaît pas. Une fois son plan mis en place, plus rien ne pourra l'arrêter.

Puisque nous sommes nés

Deux jeunes, Nego, 13 ans et Cocada, 14 ans habitent dans une région pauvre du Brésil. Tous deux s'interrogent sur leur avenir, rêvent d'un ailleurs meilleur. Un film à hauteur d'ado, fort et percutant.

Camping-car

Pour resserrer les liens familiaux, Bob Munro part en vacances en camping-car avec sa femme et leurs enfants. En chemin, ils font la rencontre des Gornicke, une famille excentrique qui passe sa vie sur les routes.

(a) A father risks great dangers to save his son.   _Le Monde de Nemo_

(b) An older man starts to become young again after being struck by a thunderbolt.   _L'homme sans âge_

(c) A gangster turns over a new leaf by writing children's stories.   _Rédemption_

(d) Two families who meet on holiday.   _Camping-car_

cent dix

Question 9

Read this news item about Lluis Colet, a Frenchman, who has broken the world record for non-stop speaking, and answer the questions that follow.

Français a battu le record du monde du discours le plus long

1 Un Français, Lluis Colet, âgé de soixante-deux ans, a battu le record du monde du discours le plus long, en parlant sans interruption pendant cent vingt-quatre heures, soit cinq jours et quatre nuits. Ce record permet à Lluis d'entrer dans le livre de Guinness des records.

2 Le record de Lluis, employé municipal et guide au musée des arts et traditions catalanes, a dépassé celui d'un Indien qui avait réussi à parler pendant cent vingt heures.

3 Installé au buffet de la gare de Perpignan, Lluis a parlé sans cesse du lundi 12 janvier à dix heures au samedi 17 à 14 heures sous la surveillance d'un médecin. Il n'a pas dormi pendant cinq nuits et il n'a mangé qu'une alimentation légère.

4 Il a utilisé des textes et des poèmes de grands auteurs et aussi des écrits personnels. Un public nombreux est venu le soutenir tout au long de son discours, ainsi que des musiciens et des chanteurs. À la fin, tout le monde a chaleureusement applaudi son exploit.

(a) What age is Lluis Colet? (**part 1**)

(b) For how long did he speak? (**part 1**)

(c) What is his job? (**part 2**)

(d) What was the previous record? (**part 2**)

(e) Where exactly did the session take place? (**part 3**)

(f) Who supervised his attempt? (**part 3**)

(g) Besides spectators, who else was there? (**part 4**)

(h) What happened when he had finished? (**part 4**)

cent onze

Question 10

Les Bleus is a popular crime series on French television. Read these interviews with the stars of the series about their childhoods and answer the questions that follow.

1 Kévin Laporte, alias Nicolas Gob

« … Préado, je me suis un peu calmé avec le sport. J'ai même été vice-champion de karaté en Belgique avec mon groupe, mais mon maître est décédé et je n'ai pas eu envie de continuer. Au tennis aussi, j'étais assez bon, avec un classement de −2. Mais l'esprit de compétition ne me convenait pas, et, à 17 ans, sur les conseils de ma mère, je me suis inscrit dans une école de théâtre. »

2 Laura Maurier, alias Élodie Yung

« Enfant, je n'étais pas bagarreuse, ni intéressée par les garçons. Puis, à l'âge de 15 ans, j'ai rencontré l'amour de ma vie, avec qui je suis toujours : il est professeur d'économie à la fac. Moi, j'ai obtenu un master de droit. J'étais une grande bosseuse ! »

3 Lyes Beloumi, alias Mhamed Arezki

« … Sur mes bulletins scolaires, les commentaires étaient invariablement mitigés, avec des "Peut mieux faire", "Bavard". Et puis, en seconde, je me suis posé des questions sur mon avenir : j'ai quitté l'école et j'ai suivi un stage de théâtre : la révélation ! Mes parents m'ont soutenu, même s'ils ne travaillaient pas dans ce milieu : mon père était chef cuisinier et ma mère est toujours assistante maternelle. »

cent douze

4 Alex Moreno, alias Raphaël Lenglet

« … J'étais un enfant assez rêveur, plutôt contemplatif. Rien à voir avec mon personnage de magouilleur dans la série. Mon plus gros délit ? Un vol de chips à la moutarde quand j'avais 12 ans ! Petit, je voulais devenir vétérinaire … »

5 Nadia Poulain, alias Garbrièle Valensi

« … J'étais une enfant hyperactive, qui n'aimait pas beaucoup dormir. À l'époque, je suivais des cours de piano au conservatoire : ça a duré quinze ans. Puis, j'ai changé mon fusil d'épaule : après un bac littéraire, option théâtre, mention bien, je me suis dirigée vers la comédie. Mon premier rôle ? C'était à 16 ans, dans la série 7 … que TF1 n'a jamais diffusée ! »

Propos recueillis par Gaëlle Placek, *Télé Loisirs*, n° 206, avril

(a) Why did Kévin stop doing karate? (**part 1**)

(b) Why did he decide that a career in tennis wasn't for him? (**part 1**)

(c) What happened to Laura when she was 15? (**part 2**)

(d) What did she achieve at university? (**part 2**)

(e) Name one comment Lyes got on his school reports? (**part 3**)
   chatty

(f) What was the worst thing Alex did when he was young? (**part 4**)

(g) For how long did Nadia study music? (**part 5**)
   15 years

(h) What happened to her first television series? (**part 5**)
   never aired

Paper Nine

Question 1

Match the following sets of signs and pictures. Indicate your answer in all cases by inserting the letters which correspond to the numbers in the boxes below.

No.	Letter
1	I
2	H
3	G
4	B
5	C
6	J
7	A
8	F
9	E
10	D

cent quatorze

Question 2

Read the signs/texts which follow and answer all the questions.

1. You are travelling on the motorway in France. What sign warns you that the toll plaza is coming up ahead? Select a, b, c or d. Write your answer in the box below.

    (a) Centre-ville

    (b) Aire de repos   [d]

    (c) Pizza à emporter

    (d) Péage

2. You are in a French supermarket. Which sign tells you where to find a trolley? Select a, b, c or d. Write your answer in the box below.

    (a) Chariots

    (b) Fauteuils roulants   [a]

    (c) Poussette

    (d) Escalier roulant

Question 3

According to the following sign at the swimming pool

> **Piscine Municipale**
> *Il est obligatoire de prendre une douche avant d'entrer dans le bassin.*

(a) you must pay for a shower before you go into the pool.

(b) you must wear a swimming hat in the pool.   [c]

(c) you must take a shower before you go into the pool.

(d) you must take a shower before you get dressed.

Question 4

When would you send this card?

Joyeuse Rentrée Scolaire

(a) When someone is retiring.

(b) When someone is going back to school.   [b]

(c) When someone is going to sit exams.

(d) When someone is leaving school.

cent quinze

Question 5

Read this advertisement for a sports club and answer the questions.

Club Hippocampe

Les entraînements au club de plongée sous-marine Hippocampe reprendront le vendredi dix septembre à 21 heures, à la piscine municipale.

Les personnes intéressées (à partir de quinze ans) qui désirent participer aux deux séances d'essai devront se rendre à la piscine aux heures d'entraînement.

Pour plus de renseignements, téléphonez au 06 08 30 21 07 de 18 heures à 20 heures.

(a) Which sport is the subject of this advertisement? _scuba diving_

(b) What age do you have to be to take part? _15_

(c) During which hours can you phone for information?
_5:00 pm – 8:00 pm._

Question 6

Fête de la Nature : 16–17 mai

Des milliers d'activités et de sorties gratuites sont prévues que pour vous ! Partout en France, des guides naturalistes vous attendent pour vous faire découvrir les trésors de la nature française.

- **Atelier land art** – Venez décorer un mur à partir de matériaux trouvés ou recupérés dans la nature. Prévoir des chaussures de marche, un sac à dos, une cape de pluie et quelques barres de céréales.

(a) When will this festival take place? _____

(b) How much do the various events cost? _____

(c) Name **two** items you need to bring with you on the 'Atelier land art' trip?

_____   _____

cent seize

Question 7

Côtelettes à la moutarde épicée

Pour 6 personnes
Préparation : 30 min
Cuisson : 1h 10

- 12 côtelettes d'agneau désossées en cubes
- 1/2 bouquet de coriandre
- 2 oignons
- 3 gousses d'ail
- 300 g de choux de Bruxelles
- 5 carottes
- 15 cl de vin blanc
- 60 g de moutarde
- 2 cuil. à soupe d'huile d'olive
- 1/4 de dosette de safran
- Sel, poivre du moulin

1. Pelez et hachez l'ail et les oignons. Faites dorer les côtelettes d'agneau à l'huile dans la cocotte. Ajoutez les oignons et faites-les blondir 2 min en remuant. Salez et poivrez.

2. Ajoutez l'ail, les carottes et les choux de Bruxelles, remuez puis versez le vin. Faites réduire 3 min. Ajoutez la moutarde, complétez avec de l'eau à hauteur. Faites cuire 50 min à frémissements.

3. Laissez mijoter encore 10 min.

4. Rincez la coriandre, effeuillez-la. Parsemez-en le plat et servez aussitôt avec des pommes de terre.

   Le vin : crozes-hermitage.

reading comprehension

1 Complete the ingredients of the recipe.

(a) 3 cloves _____

(b) 15 cl. _____

(c) 2 dessertspoons _____

2 According to **point 1**, what is the last instruction given?
_____

3 According to **point 4**, what do you serve with the dish?
_____

cent dix-sept

Question 8

You are on holiday with your parents in the town of Agde in the South of France. Read the following advertisements and answer the questions that follow.

Au jardin du lotus
Centre de beauté et de coiffure

Hommes / Dames
Coupe, couleur, onglerie
Tél. 04 67 60 98 49

Camille et Mathilde

Tous bijoux fantaisies, grand choix de bagues, argent garanti, pierres véritables, boucles d'oreilles assorties.

Tél. 04 67 12 05 16

Philippe Havé et fils

Chauffage –
Climatisation –
Piscines
Étude – Devis –
Installation
Dépannage – sept jours sur sept

Tél. 04 67 25 04 00

Les Caves de Beaumont

Bouteilles médaillées, Bib, Vrac, Produits du Terroir
Balades vigneronnes de juin à septembre. Dégustation gratuite.

Tél. 04 67 49 52 25

Alexia Services

Nettoyage – couette – drap – tapis
Repassage au kg (sauf chemises)
Carte de fidélité
15 nettoyages = nettoyage d'un pantalon gratuit

Tél. 04 67 94 80 80

Bonjour Vitrier

Pose de miroir, pare douche,
Double vitrage, vitrage couleur
Remplacement de casse 7 / 7

Tél. 04 67 49 17 18

Allô Toutou

Salon de toilettage toutes races
Coupe tondeuse, coupe ciseaux
Vente d'accessoires et produits d'hygiène.

Tél. 04 67 94 00 11

Write down the name of the shop/business you would contact if you

(a) wanted to arrange a tour of a local vineyard. _____

(b) you were having a problem with the air-conditioning. _____

(c) you had broken the glass door of the shower. _____

(d) you wanted to get the ironing done. _____

Question 9

Read this article about the making of a programme for *C'est pas sorcier*, a very popular French television programme, and indicate using a tick (✓) whether the statements are **True** or **False**.

France 3, dimanche, 17h : *C'est pas sorcier !*

« J'avais envie d'une civilisation qui fasse rêver »

Fred est l'un des présentateurs de *C'est pas sorcier*. À l'occasion de la Fête de la science jusqu'à dimanche, voilà une émission spéciale sur le Pérou (Amérique du Sud).

Andes. « Pour le tournage, nous sommes partis 15 jours dans les Andes, une chaîne de montagnes en Amérique du Sud. Cette émission a demandé 5 mois de préparation. Nous avons travaillé avec des archéologues et des spécialistes de cette région. »

Incas. « Chaque année, nous essayons de faire un numéro un peu particulier pour l'émission. Nous avons l'embarras du choix pour les destinations. J'avais envie d'une civilisation qui fasse rêver. Tout le monde connaît un peu les Incas, mais en fait, pas très bien. À l'école, on étudie surtout les Égyptiens, les Grecs. Les Incas, eux, ont régné sur le Pérou avant l'arrivée des Espagnols. Les civilisations anciennes d'Amérique du Sud sont mystérieuses. »

Lac Titicaca. « Cette émission n'est pas seulement historique. Nous traversons des paysages mythiques, des lieux touristiques célèbres. Quand je me suis retrouvé face au lac Titicaca, j'étais très ému. C'est le plus grand lac du continent. On dirait une mer intérieure. Nous avons aussi survolé les géoglyphes de Nazca. Ce sont de gigantesques dessins tracés sur le sol. »

Entretien réalisé par R. Botte, *Mon Quotidien*, octobre

Statement	True	False
(a) The programme was made to mark a special event.	☐	☐
(b) It took 15 months to prepare for the making of the film.	☐	☐
(c) There are lots of locations the programme could visit.	☐	☐
(d) The history of the Incas is not very well known.	☐	☐
(e) Lake Titicaca is the largest lake in South America.	☐	☐
(f) It is situated on the edge of the sea.	☐	☐

cent dix-neuf

Question 10

Read this article about Marie Monbureau, an American who has been living in France, and answer the questions that follow.

1. Née en Californie (États-Unis), la Franco-Américaine Marie Monbureau est venue travailler en France comme jeune fille au pair pendant 1 an. Elle n'est pas repartie et vit depuis 10 ans à Paris. Elle raconte les différences entre les 2 pays.

2. **À votre arrivée en France, en 1998, qu'est-ce qui vous a le plus impressionnée ?**
   D'abord, c'est la ville : Paris et sa beauté. J'ai tout de suite adoré me balader dans les rues, me perdre dans les différents quartiers. Aux États-Unis, toutes les rues sont parallèles et perpendiculaires, bien droites et bien rangées. À Paris, aucune rue ne ressemble à une autre. L'autre grosse surprise est le comportement des Français vis-à-vis des Américains. Dès que je dis d'où je viens, cela provoque une réaction très négative ou très positive, voire les 2 à la fois !

3. **C'est-à-dire ? Les Français étaient ouverts, méchants, curieux, hostiles … ?**
   Cela dépend. Certains étaient vraiment pleins de préjugés envers les Américains : « Ils sont gros, bêtes ; ils parlent fort ; ils ne sont pas très éduqués … » Les clichés que l'on a envers les Américains.

   Quand les Français critiquaient les Américains devant vous, est-ce que cela vous a blessée ?
   Non, je n'ai jamais pris cela pour moi personnellement. J'avais conscience de ces préjugés avant de partir. Mais j'ai réalisé que les étrangers avaient vraiment cette image des Américains. Cela a changé avec l'élection de Barack Obama en 2008. Les gens ont désormais une image positive de mon peuple.

4. **Dans la vie quotidienne, des choses vous ont-elles marquée en particulier ?**
   Oui, les fromages ! On fait goûter tellement de fromages …
   Maintenant, je me suis habituée et

120
cent vingt

j'en adore certains. Aux États-Unis, on mange très vite le midi, sans se mettre à table. En France, on prend le temps, on mange un vrai repas. Les pauses sont longues. Aujourd'hui, j'en suis toujours étonnée.

5 Quels aspects de la France ou des Français détestez-vous ?
Aux États-Unis, les gens conduisent lentement et laissent de longues distances entre les voitures. Ici, la conduite des Français est très rapide, très nerveuse ... Un de mes grands souvenirs reste ma première traversée en voiture de la place de l'Étoile, à Paris (ndlr : le grand carrefour qui entoure l'Arc de triomphe). C'était la jungle ! Sinon, je trouve les gens pas très souriants, ni très chaleureux. Aux États-Unis, le premier contact est plus facile.

6 Qu'est-ce que vous aimez en France ?
J'aime avant tout le côté romantique de Paris, les petits marchés, les boulangeries au coin des rues. J'adore aussi les plats à base de canard : les magrets, le confit ...

Propos recueillis par L. Salamon
Mon Quotidien, n° 23

(a) Why did Marie Monbureau first come to France? (**part 1**)

(b) What did she like to do when she first arrived in Paris? (**part 2**)

(c) What did she notice about the streets in Paris? (**part 2**)

(d) Name **one** of the prejudices the French appeared to have about Americans. (**part 3**)

(e) What difference exists between the French and the Americans at lunchtime? (**part 4**)

(f) How do Americans drive their cars? (**part 5**)

(g) To what does she compare the traffic at l'Étoile? (**part 5**)

(h) What French dishes does she like? (**part 6**)

cent vingt et un

Paper Ten

Question 1

Match the following sets of signs and pictures. Indicate your answer in all cases by inserting the letters which correspond to the numbers in the boxes below.

No.	Letter
1	
2	
3	
4	
5	
6	
7	
8	
9	
10	

cent vingt-deux

Question 2

Read the signs/texts which follow and answer all the questions.

1. You are planning your route in France and want information on the motorways. Which website would you log on to? Select a, b, c or d. Write your answer in the box below.

    (a) www.circulation.fr

    (b) www.ventevoitures.fr

    (c) www.informations.fr

    (d) www.autoroutes.fr

2. You have just arrived in a French town and want to find the youth hostel. Which sign would you look for? Select a, b, c or d. Write your answer in the box below.

    (a) Chambres à louer

    (b) Auberge de Jeunesse

    (c) Maison des Jeunes et de la Culture

    (d) Hôtel de Ville

Question 3

What would you find if you clicked on this site?

COURRIER ÉLECTRONIQUE
CLIQUEZ ICI !

(a) your e-mail

(b) a chat-room

(c) prices for electrical goods

(d) names of firms who deliver electrical goods

Question 4

What does this sign advertise?

Location de vélos

(a) bikes for sale

(b) bikes repaired here

(c) bikes can be parked here

(d) bikes can be hired here

cent vingt-trois

Question 5

Read the information about the activities for young people at the Roman site of Glanum in Provence and answer the questions.

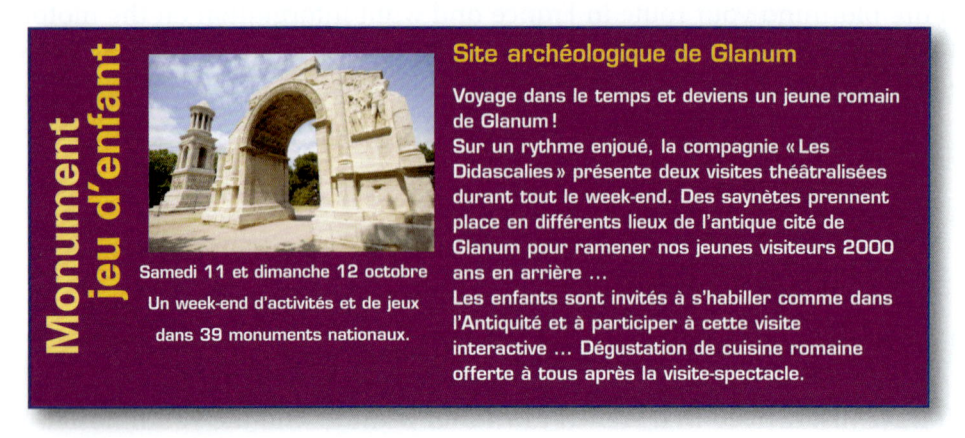

Monument jeu d'enfant

Samedi 11 et dimanche 12 octobre
Un week-end d'activités et de jeux dans 39 monuments nationaux.

Site archéologique de Glanum

Voyage dans le temps et deviens un jeune romain de Glanum !
Sur un rythme enjoué, la compagnie « Les Didascalies » présente deux visites théâtralisées durant tout le week-end. Des saynètes prennent place en différents lieux de l'antique cité de Glanum pour ramener nos jeunes visiteurs 2000 ans en arrière …
Les enfants sont invités à s'habiller comme dans l'Antiquité et à participer à cette visite interactive … Dégustation de cuisine romaine offerte à tous après la visite-spectacle.

(a) On which dates did the events at Glanum take place? _____

(b) What did *Les Didascalies* do during the weekend? _____

(c) In what way are young people encouraged to take part in the events?

    (a) to act out scenes from the period

    (b) to dress in costumes of the period

    (c) to learn how to use weapons from the period

Question 6

Read this news item about new space suits and answer the questions that follow.

(a) Where are the tests taking place?

_____

(b) In 2020, what will the Moon be used for?

_____

(c) Name **two** things the space suits will allow astronauts to do.

_____

_____

De nouvelles combinaisons pour vivre sur la Lune

Les Américains testent de nouveaux habits pour leurs astronautes. Ces essais ont lieu dans le désert de l'Arizona, aux États-Unis (Amérique du Nord).
En 2020, les Américains pensent que la Lune sera une base spatiale d'où l'on partira explorer l'Univers. Ils devront faire plus de choses avec leurs combinaisons. Les nouveaux habits devront permettre de tout faire : se déplacer sans peine, plier les genoux et les bras, installer des objets les réparer ….

Mon Quotidien, octobre

Question 7

Read this article about Cassandre, aged 13, who spend 10 months travelling in Asia and answer the questions that follow

MON VOYAGE EN ASIE

1 VIETNAM

Quand je pense au Vietnam, je vois les chapeaux coniques, les vélos et les rizières : des tableaux qu'on croise tous les jours et qu'on a envie de dessiner !

2 LAOS

Pour grimper sur l'éléphant, il faut monter sur une passerelle, mais dans la forêt on peut le faire asseoir pour grimper dessus ou en descendre. Un éléphant boit quotidiennement 150 litres d'eau.

3 SUMATRA

Parc national de Gunung Leuser : lors d'une randonnée de 2 jours, nous avons rencontré des orangs-outans. Ces animaux d'une grande intelligence, aux attitudes souvent similaires aux nôtres, sont passionnants à observer.

4 INDE

J'ai adoré le désert, dormir à la belle étoile, préparer les chapati, aller chercher les dromadaires le matin dans la nature, faire la vaisselle avec du sable …

5 THAÏLANDE

J'ai pris des cours de cuisine thaïe pour pouvoir à mon retour, épater parents et amis avec toutes ses saveurs et couleurs.

(a) Name **one** thing which reminds Cassandre of the time she spent in Vietnam. (**part 1**)

_____

(b) Elephants in Laos can drink 150 litres of water in what period of time? (**part 2**)

_____

(c) Name **one** comment she makes about the orang-utangs in Sumatra. (**part 3**)

_____

(d) Where did she sleep when she was in the Indian desert? (**part 4**) _____

(e) What was used to clean the dishes in this desert? (**part 4**) _____

(f) What did she do when she was in Thailand? (**part 5**) _____

cent vingt-cinq

Question 8

You are reading a French TV guide for the week ahead and want to make a note of some programmes which you and your family might like to watch. Read the previews and answer the questions that follow.

VENDREDI
20.35, **Sur le sentier du littoral.** À Moorea, Nicolas est devenu un spécialiste des requins-citrons, une espèce menacée, dont la pêche est interdite.

SAMEDI
20.40, **Le petit homme.** Après l'assassinat d'un collégien par l'un de ses camarades, Commissaire Moulin est confronté à une délicate affaire de racket.

LUNDI
17.45, **C'est pas sorcier.** Pour raconter l'évolution du médicament, Fred s'est rendu dans une herboristerie. On y découvre les vieilles recettes.

MARDI
19.45, **Déco d'à Çôté.** Des voisins échangent leur maison et ont deux jours pour refaire entièrement la décoration d'une pièce.

JEUDI
19.30, **Coûte que coûte.** Mieux dépenser votre argent. Comment éviter les fins de mois difficiles ? Que faire pour optimiser ses revenus et planifier des projets ?

MERCREDI
20.45, **C'est toi ou moi !** Victoria, expert canin, rend visite à un couple dont les deux chiots font la loi à maison. Il est temps de leur faire comprendre qui est le maître.

DIMANCHE
20.35, **Ça chauffe !** Docu-fiction, qui montre l'évidence des dégâts environnementaux si la température augmente de 4 à 6 degrés. Les trois-quarts de la population mondiale seront regroupés dans les villes, 40% des espèces, dont les gorilles, les phoques et les ours polaires, seront décimées. Il est vraiment temps d'agir.

On which night would the following people want to watch a programme?

(a) your sister who loves dogs _____

(b) your mother who likes a good detective series _____

(c) your father who would like to make his money stretch further _____

(d) you, yourself, who are interested in the effects of global warming _____

cent vingt-six

Question 9

Read this article about two young people who are being home schooled and answer the questions that follow.

Une école vraiment pas comme les autres ...

Mercredi, 9 h. Nicolay, 10 ans et Aurélie, 13 ans, font des maths et de l'italien à leur bureau, dans une pièce remplie de cahiers, de livres, de classeurs ... Au mur : une carte du monde, une frise historique, des dessins. Tout, ou presque, laisse à penser qu'ils sont à l'école. Pourtant, ils travaillent chez eux ! Une pièce de leur maison, à Montainville (Yvelines), a été aménagée en salle de classe. « J'ai toujours pratiqué l'école à la maison, » explique Nicolay, élève de CM2. « Je fais des maths et du français le matin, car je suis plus concentré. Je réserve les autres matières pour l'après-midi. Par beau temps, je sors et travaille à mon retour, en début de soirée. Parfois, on organise des visites de musées avec d'autres enfants de la région qui pratiquent l'école à la maison. »

Nicolay travaille à partir de fiches et de livres scolaires, sous l'œil attentif de sa maman. « Je n'ai pas de devoirs le soir ni de bulletins ! » précise-t-il. « Je regrette juste de ne pas partir en voyage scolaire, comme les autres élèves de l'école du village. »

Aurélie, en 4e, travaille, elle, avec des cours par correspondance, envoyés en début d'année. « J'envoie mes contrôles par la Poste, » explique-t-elle. « Des professeurs les corrigent et m'envoient un bulletin de notes en fin de trimestre. J'étudie aussi grâce à des documents trouvés sur Internet. Ce système me plaît. Mes amies ? Je les vois en fin d'après-midi ou le mercredi. Certaines me disent que j'ai de la chance d'avoir classe à la maison. »

Nicolay

Aurélie

S. Bordet
Mon Quotidien, octobre

(a) What subjects are Nicolay and Aurélie studying? _____

(b) Name **one** thing that is on the wall. _____

(c) Why does Nicolay study certain subjects in the morning?

_____

(d) When does he study if it's fine? _____

(e) What is his **one** regret? _____

(f) How does Aurélie monitor her progress? _____

(g) When does she get to meet her friends? _____

(h) What do some of her friends think of her way of studying?

_____

Question 10

Read this interview with Tessa Worley, member of the French national ski team, and answer the questions that follow.

Ski alpin
Interview : Tessa Worley

1 Tessa Worley
Née : à Annemasse
Âge : 19 ans
Taille : 1,57 mètre
Poids : 57 kg
Station : Grand Bornand
Palmarès : Victoire en slalom géant à Aspen, aux États-Unis.

« *En course, je cherche à faire vivre mes skis.* »

2   À votre âge, vous avez fait déjà beaucoup de ski …
Tessa : Effectivement. Mon papa est australien, ma maman est française et ils sont moniteurs de ski. Alors en hiver, on skiait en France et l'été, on s'envolait dans l'hémisphère Sud en Nouvelle-Zélande où mes parents dirigeaient une station de ski. Comme là-bas, c'était l'hiver, j'ai passé mon enfance à skier.

3   Vous êtes légère. Le poids ne joue pas pour aller vite ?
Tessa : De moins en moins. Aujourd'hui, en compétition, c'est la technique qui prime. En course, je cherche à faire vivre mes skis et à engranger de la vitesse. Lors de ma victoire à Aspen, en franchissant la ligne, je savais que j'avais bien skié. Mais comme je n'avais pas fait de fautes, je pensais que je n'étais pas allée assez vite. Quand j'ai vu mon temps s'afficher sur le panneau, je n'en croyais pas mes yeux.

4   Quand avez-vous commencé la compétition ?
Tessa : Vers 6 ans, j'étais inscrite dans le club de la station du Grand Bornand où j'étais une des plus petites « coureuses ». Un jour, en poussine 1, j'ai terminé quatrième d'une petite course de ski. Ce résultat a été important pour moi et j'ai voulu continuer la compétition.

5   Vous êtes aujourd'hui en équipe de France. Comment vous entraînez-vous ?
Tessa : Certains matins, je passe 4 à 5 heures sur les skis. Avec les autres skieuses, on s'échauffe, on reconnaît les parcours, on effectue 5 à 6 slaloms. Notre entraîneur nous filme. L'après-midi, nous analysons nos erreurs sur les vidéos pour les corriger. Puis nous pratiquons la musculation et terminons par une séance de kiné. L'an dernier, en plus, j'avais même mes cours et mes devoirs à faire, car j'ai passé mon Bac S en juin.

Passion Sports, avril

1. Why is the place Annemasse mentioned? (**part 1**)

   _____

2. What do Tessa's parents do? (**part 2**)

   _____

3. Why did they go to New Zealand in summer? (**part 2**)

   (a) it's too hot in France

   (b) to go swimming

   (c) to run a ski school

4. What surprised her when she crossed the line in Aspen? (**part 3**)

   _____

5. When she was six, she came fourth in a junior race. What effect did that have on her? (**part 4**)

   (a) she was disappointed

   (b) she wanted to give up

   (c) she wanted to keep on competing

6. Name **one** of the things she does each morning when she trains with the French team. (**part 5**)

   _____

7. Why do they watch videos each afternoon? (**part 5**)

   (a) to relax

   (b) to watch out for their mistakes

   (c) to do lessons

8. Besides training what did she do last June? (**part 5**)

   _____

Paper Eleven

Question 1

Match the following sets of signs and pictures. Indicate your answer in all cases by inserting the letters which correspond to the numbers in the boxes below.

No.	Letter
1	
2	
3	
4	
5	
6	
7	
8	
9	
10	

1. FEUX DE SIGNALISATION
2. (taureau)
3. LAVE-AUTOS
4. (tournez à gauche sign)
5. PATINOIRE →
6. (musée)
7. BAIGNADE INTERDITE
8. (hippodrome)
9. POUBELLES
10. (frigos)

A. (baignade / requins)
B. HIPPODROME
C. (patinoire)
D. FRIGOS EN SOLDES
E. (feux de signalisation)
F. TOURNEZ À GAUCHE
G. (poubelles)
H. ATTENTION-TAUREAU!
I. (lave-autos)
J. MUSÉE

cent trente

Question 2

Read the signs/texts which follow and answer all the questions.

1. You are in a French shopping centre and you want to buy a book for your French teacher. Which shop would you look for? Select a, b, c or d. Write your answer in the box below.

   (a) Librairie

   (b) Papeterie

   (c) Bibliothèque

   (d) Cadeaux

2. You and your family are driving along the motorway in France and need to find somewhere to take a break. Which sign would you look out for?

   (a) Sortie d'urgence

   (b) Aire de jeux

   (c) Aire de repos

   (d) Péage

Question 3

This is an advertisement for

SFR LA CARTE
35 € de crédit de communications 2 mois
+ 7 € Gratuits
Ici, 100% des recharges de l'opérateur sont disponibles.

(a) a credit card.

(b) credit for a mobile phone.

(c) a train pass.

(d) a bus pass.

Question 4

Where would you see this sign?

Lycée Paul Verlaine

(a) outside an art gallery

(b) outside a museum

(c) outside a secondary school

(d) outside a gym

Question 5

This leaflet gives you information about a website available to help all consumers of electricity in France.

Nouveau sur www.edf.fr

Connaissez-vous Laura ?

Laura est votre conseillère EDF virtuelle.

Contactez-la sur notre site www.edf.fr, elle vous donnera des astuces pour moins consommer, ainsi que des conseils pour améliorer votre confort au quotidien.

Avec elle, vous pourrez notamment :

- estimer votre consommation d'énergie,
- évaluer le coût d'utilisation lié à vos appareils électriques,
- mieux choisir et mieux utiliser vos appareils électroménagers ou de chauffage.

(a) Who is Laura?

_____

(b) What type of tips will she give you?

_____

(c) What advice can she give you about your electrical household goods?

_____

cent trente-deux

Question 6

Read this article about Lilian Thuram, a famous French footballer from the 1990s, who was filmed for French TV about his experiences when he first came to France.

« Lutter contre le racisme, c'est se battre pour l'égalité »

Lilian Thuram est l'un des champions du monde de foot 1998. Jeune retraité, il revient sur son parcours dans ce documentaire.

1 Guadeloupe. « Au départ, je me suis demandé pourquoi faire un film. J'avais l'impression que l'on me connaissait … J'ai fini par accepter, mais j'ai demandé au réalisateur de me filmer en Guadeloupe. C'est mon île d'origine. Là-bas, je reste le petit garçon que j'étais … »

2 Neuf ans. « Je suis arrivé en région parisienne à l'âge de 9 ans. Nous étions 5 enfants et ma mère nous a élevés seule. Pour elle, venir en métropole, c'était le paradis … J'y ai compris très vite ce qu'étaient le racisme et les préjugés à l'encontre des Noirs. »

3 Fondation. « Pour moi, le foot doit jouer son rôle au niveau social. J'ai monté une fondation en Espagne quand je jouais à Barcelone. La lutte contre le racisme est devenue ma mission. Le racisme est ancré dans les cultures. Il faut accepter de se remettre en question. Lutter contre le racisme, c'est se battre pour l'égalité. »

4 Éducateur. « Je ne sais pas du tout ce que je serais devenu sans le foot. J'ai commencé si jeune … Éducateur est un métier qui m'aurait plu … Pour le moment, le jeu ne me manque pas. Quand ce sera le cas, j'appellerai des copains pour taper la balle ! »

Propos recueillis par R. Botte
Mon Quotidien, mai

(a) Why did Lilian Thuram ask for the programme to be made in Guadeloupe? **(part 1)**

_____

(b) Give **one** detail about his family. **(part 2)**

_____

(c) What was his mother's reaction on coming to Paris? **(part 2)**

_____

(d) What was his aim when he played with Barcelona? **(part 3)**

_____

(e) What does he say about football in his life nowadays? **(part 4)**

_____

cent trente-trois

Question 7

Read this recipe and answer the questions.

La choucroute

Ingrédients

500 g de choucroute cuite,
1 morceau d'échine tranché,
3 tranches de poitrine fumée,
1 oignon, 6 pommes de terre cuites
à la vapeur, 4 saucisses, une pincée
de clous de girofle, 1 bouquet
garni, une grande marmite d'eau

Réalisation

1. Déposez l'échine dans la marmite et couvrez d'eau.
2. Ajoutez le bouquet garni, l'oignon piqué de clous de girofle.
3. Faites cuire 40 minutes à feu moyen.
4. Ajoutez la poitrine fumée et les saucisses et laissez cuire une demi-heure.
5. Coupez la poitrine en dés.
6. Ajoutez la choucroute.
7. Laissez mijoter deux heures à feu très doux.

(a) Put a tick (✓) in the box to indicate which **five** of the following ingredients are included in this recipe.

Ingredients	✓	Ingredients	✓
onion		smoked meat	
potatoes		salt	
wine		sausages	
carrots		pepper	
water		chocolate	

(b) According to **instruction 3** on what level of heat should you cook the dish?

_____

(c) According to **instruction 7** for how long should you allow the ingredients to simmer?

_____

Question 8

Here is a group of French teenagers talking about their plans for the coming summer. Read what they say and answer the questions that follow.

Cet été j'espère aller en Irlande rendre visite à ma correspondante, Aoife, qui habite dans le Donegal. Ce sera ma deuxième visite en Irlande et j'attends avec impatience mon séjour là-bas. **(Hélène, 15 ans)**

Pour moi, ce sera une colonie de vacances, comme toujours ! L'année dernière, c'était une expérience affreuse ! Il a plu presque tous les jours et il n'y avait pas beaucoup à faire pour ceux qui ne sont pas très sportifs. Cette année, je vais dans une colonie où il y a beaucoup de choses créatives à faire – du théâtre, du cirque, du dessin, de la poterie. **(Fabienne, 14 ans)**

Moi, je ne vais rien faire de spécial. Mes parents sont séparés et je vais passer un mois chez mon père et mes demi-frères. Malheureusement ils sont beaucoup moins âgés que moi. Donc ce sera un peu ennuyeux. Mais ils habitent au bord de la mer, ce qui est génial. **(Stéfane, 13 ans)**

Mes parents tiennent un petit hôtel, nous ne partons jamais en vacances en été. Tout le monde aide chez moi. Je surveille la piscine (j'ai un certificat en premier secours). J'aime ça, car je rencontre beaucoup de jeunes vacanciers de tous les pays du monde. **(William, 15 ans)**

Moi, j'ai de la chance. Cet été, je vais passer un mois chez mes cousins qui ont une résidence secondaire en Espagne. Elle se trouve au bord de la mer dans un petit village espagnol. Nous passerons toute la journée à la plage, à faire des sports nautiques. Il me tarde d'y aller. **(Laurent, 14 ans)**

Cette année je pars en vacances avec mes parents à Chypre. Mon père a gagné le séjour dans une loterie dans notre village au mois de février. Ce sera ma première visite à l'étranger. **(Justine, 14 ans)**

Je me passionne pour le foot. Cet été, je vais faire un stage dans un centre d'entraînement. Des recruteurs avaient visité mon club il y a deux mois et ils ont choisi trois personnes pour y aller. **(Damien, 15 ans)**

What is the name of the person

(a) who is going abroad for the first time? _____

(b) who is going to visit an exchange partner? _____

(c) who will be helping with the family business? _____

(d) who had a bad experience last year? _____

Question 9

Read this article about two young people who are passionate about their sport and answer the questions that follow.

Ils vont faire des vagues !

1 Yoann, 16 ans, sénégalais : « Sensation de glisse »

Yoann a commencé le surf il y a 5 ans. « C'est un copain qui m'a emmené un jour. Depuis que j'ai essayé, je ne peux plus m'en passer. J'y vais au moins trois fois par semaine pour m'entraîner. Le plus dur, ce n'est pas de se mettre debout sur la planche, c'est de tourner une fois sur la vague. Ce que j'adore, c'est la sensation de glisse … »

Le rêve de Yoann ? Faire du surf son métier. Mais, dans son pays, le Sénégal, le surf n'est pas très pratiqué et pour cause ! « Au Sénégal, il y a beaucoup de rochers et des oursins. En France, c'est plus facile, et surtout moins dangereux : ce n'est que du sable ! »

2 Lanikai, 13 ans, tahitienne : « Bouffée d'adrénaline »

Lanikai est née au milieu de l'océan Pacifique sur une petite île de Polynésie (France). Cocotiers, sable fin, eau turquoise et grosses vagues : elle a grandi dans un décor de rêve. « Je fais du surf depuis toute petite, je ne me rappelle même pas la première fois que je suis montée sur une planche ! Dans ma famille, tout le monde surfe mais c'est surtout ma maman qui m'a appris. »

Matin, midi et soir : Lanikai surfe autant qu'elle le peut. « À chaque fois, c'est une bouffée d'adrénaline (sensation forte). » À peine âgée de 13 ans, elle a déjà participé à deux compétitions internationales et elle est championne junior de Tahiti.

Les Clés de l'Actualité, n° 621

cent trente-six

1   How did Yoann first become involved in the sport? (**part 1**)

    (a) a friend brought him

    (b) his parents brought him

    (c) he went on his own

2   How often does he now train? (**part 1**)

    _____

3   What is Yoann's dream? (**part 1**)

    (a) to stay in Senegal

    (b) to go to France

    (c) to travel the world

4   Name **one** thing which makes surfing dangerous in Senegal. (**part 1**)

    _____

5   Where are the Polynesian islands situated? (**part 2**)

    _____

6   Coconut trees, _____ _____, turquoise coloured water and huge waves are the background to Lanikai's surfing. Fill in the mising words. (**part 2**)

7   Who taught her to surf? (**part 2**)

    (a) her brothers

    (b) her mother

    (c) her sister

8   What success has Lanikai had so far in her sporting career? (**part 2**)

    _____

Question 10

Read this interview with Marie-Geneviève Nicolas, who is a park ranger in the National Park of Écrins, and answer the questions that follow.

1 Marie-Geneviève Nicolas est garde-monitrice dans le parc national des Écrins (Hautes-Alpes et Isère). Elle sait observer la nature et reconnaître les espèces. Mais aussi skier, bricoler et faire partager sa passion pour la montagne.

2 En quoi consiste le métier de garde-moniteur dans un parc national ?
Notre travail est très varié. C'est un de ses avantages. Nous devons veiller à ce que la nature soit respectée, que les gens ne cueillent pas les fleurs, ne laissent pas leur chien en liberté … C'est l'aspect le moins « sympa » du travail : faire la police. Ensuite, nous faisons du suivi scientifique : compter, surveiller, observer les espèces … Le but est de mettre en place des mesures pour protéger les espèces menacées.

3 Vous connaissez très bien les espèces pour pouvoir reconnaître l'âge ou le sexe des animaux …
Oui. Nous devons avoir beaucoup de connaissances. Mais, cela s'apprend au fur et à mesure. Pour les oiseaux, j'ai commencé par écouter des cassettes de chants pour apprendre à les reconnaître ! Et puis on apprend surtout sur le terrain. J'en découvre encore tous les jours. Tant mieux, sinon je m'ennuierais !

4 Quelles compétences faut-il pour être guide ?
Il faut être autonome, sportif, polyvalent. On se déplace pendant des heures dans le parc, seul ou à deux. On porte un gros sac de matériel sur le dos : jumelles, appareils de mesure, matériel de secours … L'hiver, on est équipé de skis de randonnée. Il faut être prudent, savoir s'orienter, se débrouiller. On sort par tous les temps. Parfois, on doit rester sur place à observer les animaux alors qu'il fait −20°C. On doit aussi être capable de prendre des photos, de les mettre dans l'ordinateur …

5 Quel est votre meilleur souvenir ?
Un jour, j'accompagnais une classe. Après plus d'une demi-heure de marche, on arrive dans un vallon et là les enfants s'exclament en chœur : « C'est beau ! » Alors, je me suis dit : c'est gagné. Il n'y a pas besoin de discours pour leur faire ressentir des émotions. Si les enfants aiment la montagne, ils auront envie de la protéger et de la respecter.

Propos recueillis par L. Salamon
Mon Quotidien, n° 23

1. Name **one** area of activity Marie-Geneviève is responsible for as part of her job? (**part 1**)

2. What does she try to prevent visitors from doing? (**part 2**)

3. What is the aim of the scientific monitoring they carry out? (**part 2**)

4. How did she learn to recognise the different birds? (**part 3**)

5. Name **one item** you might find in their bag of equipment. (**part 4**)

6. Which of the following skills are necessary? (name **two**)
    (a) to be able to take care of yourself
    (b) to be able to cook on the spot
    (c) to be able to move about quickly
    (d) to be able to download photos onto a computer (**part 4**)

7. What is the long-term outcome if the children like the park? (**part 5**)

Paper Twelve

Question 1

Match the following sets of signs and pictures. Indicate your answer in all cases by inserting the letters which correspond to the numbers in the boxes below.

No.	Letter
1	
2	
3	
4	
5	
6	
7	
8	
9	
10	

cent quarante

Question 2

Read the signs/texts which follow and answer all the questions.

1. You are on holiday in France and you and your friend want to hire bicycles. Which sign do you look for? Select a, b, c or d. Write your answer in the box below.

   (a) Vente de vélos

   (b) Vélodrome

   (c) Stationnement – vélos

   (d) Location de vélos

2. You are in a railway station in France and want to buy a ticket. Which sign tells you where the ticket office is? Select a, b, c or d. Write your answer in the box below.

   (a) Renseignements

   (b) Correspondance

   (c) Guichet

   (d) Composteur

Question 3

Who would be interested in this sign?

Gratuit! Cartes des autoroutes

(a) those who use a toll bridge regularly
(b) those who travel regularly on motorways
(c) those who cross the city daily
(d) those who need to buy phone credit

Question 4

This sign tells you that

COMPLET

(a) the car park is full.
(b) the car park has spaces.
(c) the car park is closed.
(d) the car park has just been completed.

cent quarante et un

Question 5

Read this article about a football success and answer the questions.

> **42**
>
> C'est, en secondes, le temps qu'il a fallu au Lorientais Marama Vahirua pour ouvrir le score lors de la rencontre Lorient-Sochaux (2-1). Il s'agit du but le plus rapide de la saison. Le Tahitien est un habitué, puisqu'il avait déjà inscrit un but à la première minute, l'année dernière, sous le maillot de Nice face au PSG (1-0, 36e journée).
>
> *Onze*, janvier

(a) What does the figure '42' refer to? _____

(b) What record did this create? _____

(c) What previous feat did Marama achieve last year?

_____

Question 6

Read this brochure of events for the medieval town of Château des Baux de Provence and answer the questions that follow.

Événements
Château des Baux de Provence

23 mars	La grande chasse aux œufs de Pâques
20 avril	La journée des peintres
1er au 4 mai	Festival de musique Calenda Maya
17 et 18 mai	Les jeux médiévaux, fête des enfants
7 et 8 juin	La fête médiévale des Baux
	Spectacle de joute, de fauconnerie, siège du Château, jeux médiévaux, initiation à l'escrime médiévale ...
28 juin	Fête de la Saint Jean

Nouveau Venez tirer à la catapulte géante !

(a) What will take place on 23 March? _____

(b) Who will enjoy the event on 20 April? _____

(c) On what dates is the children's festival being held? _____

(d) What sport is mentioned in the events for 7 and 8 June? _____

cent quarante-deux

Question 7

Read this newspaper article and answer the questions that follow.

QUEL BÉBÉ !

Un bébé de onze mois, jouant avec un téléphone sans fil, a provoqué la venue de la police et l'arrestation de son père, qui avait volé plusieurs voitures luxueuses.

La police avait été alertée, jeudi dernier, après qu'une personne inconnue eut appelé le numéro d'urgence 911 et raccroché sans dire un mot. Les policiers se sont rendus à la résidence d'où émanait le coup de fil. Là ils ont trouvé un bébé de onze mois, qui jouait avec un téléphone sans fil. En regardant dans la cour derrière la résidence, un policier est devenu suspicieux quand il a remarqué la présence de huit voitures de marque Alfa Romeo.

Une rapide visite dans la cour a établi que les voitures avaient été volées pendant les trois mois derniers. Le père du bébé, âgé de 30 ans, a été transporté à la gendarmerie où il a été interpellé. Quant au bébé, il a été confié à la garde de sa mère.

(a) What age was the baby?

(b) When did the event take place?

(c) Why did the police arrive at the baby's home?

(d) What did the police find in the yard behind the house?

(e) What happened to the baby?

143

cent quarante-trois

Question 8

Read these descriptions of how various countries celebrate 'carnaval' and answer the questions that follow.

QUEL CARNAVAL !

Fête. On se déguise, on flâne dans les rues, on danse, on se moque ... Le carnaval est une fête où tout est permis !

BRÉSIL

Pendant 4 jours et 3 nuits sans cesse, les habitants des quartiers riches et pauvres, les jeunes et les plus âgés font la fête ensemble dans les rues de Rio. Pendant l'année, les danseurs ont préparé les décors, la musique, les chorégraphies et surtout les costumes. Le clou de cet opéra de rue est d'être élu(e) roi ou reine du carnaval.

BELGIQUE

Le jour du mardi gras, les participants parcourt la ville de Binche au son des tambours, en lançant des oranges aux enfants. Pour être l'un des habitants costumés, il faut être né dans la ville (ou y résider depuis 5 ans). Car la location du déguisement coûte à peu près 1 000 euros.

ITALIE

Le carnaval de Venise est célèbre pour la beauté des masques et des costumes. Mais contrairement aux autres carnavals, ce n'est pas une fête populaire ! Des bals privés se déroulent dans le secret des palais. Chic, mais peut-être trop précieux ... pour attirer les jeunes.

cent quarante-quatre

CANADA

À Québec, le carnaval est sportif ! Bains de neige, concours de sculptures sur neige, courses de traîneaux à chiens ou de luges font partie de la fête ... Pendant 15 jours, la fête se déroule sous la responsabilité du Bonhomme Carnaval, qui loge dans un château construit en blocs de glace.

GRÈCE

L'ouverture et la fermeture du carnaval de Patras, le plus important de Grèce, consistent en une immense parade avec chars, décors et déguisements. Mais la particularité de ce carnaval est ailleurs : une grande chasse au trésor, sorte de jeu de piste déguisé et à moto, réunit quelque 50 000 participants.

ÉTATS-UNIS

Un vent de folie souffle sur la Nouvelle-Orléans. Pendant six semaines, des chars multicolores, des fanfares et des bals animent cette ville américaine. Dans leur costume de squelette, ces « carnavaliers » récoltent des colliers de perles lancés à partir des chars de la parade.

FRANCE

Habillés d'une peau de bête, le visage noirci, les ours qui descendent sur la ville de Prats-de-Mollo griffent et mordent. Pour faire cesser l'hiver, on s'adressait au sorcier. Vêtu en peau d'animal (ours, cerf), celui-ci se livrait à des rituels pour communiquer avec les esprits et faire revenir les beaux jours.

Write in English the name of the country in which

(a) there is a huge treasure hunt. _____

(b) the festival doesn't attract many young people. _____

(c) the festival goes on for six weeks. _____

(d) fruit is thrown to the watching children. _____

Question 9

Read this article about the history of football and answer the questions that follow.

La grande aventure d'un p'tit ballon

1. Depuis toujours, les hommes frappent ou poussent un caillou pour s'amuser. En Grèce, garçons et filles jouent à la balle au chasseur, dans un cercle. À Rome, les soldats, partagés en deux équipes, s'amusent sur un terrain, balle au pied.

2. **Le calcio, cousin italien de la soule**
Au 16e siècle, en Italie, le *calcio* ressemble à la soule. Les joueurs font passer le ballon entre des poteaux et marquent le plus de points possible. Ils poussent le ballon avec le pied ou le portent à la main.

3. **La soule, nouveauté française**
Au Moyen Âge, les paysans bretons et normands attendent avec impatience Mardi gras ou Pâques. Ces jours-là, un village en affronte un autre à un jeu de ballon, la soule. Les paysans jouent avec les pieds et les mains. Le ballon est en cuir ou en osier. Les blessés, et parfois les morts, sont nombreux.

4. Au 19e siècle, le *calcio* arrive dans les collèges anglais. Les éducateurs pensent que ce sport forme le corps et développe l'esprit d'équipe. Ils fixent des règles : les dimensions du terrain et des buts, le nombre de joueurs. Ceux-ci n'ont plus le droit de toucher le ballon avec les mains, sauf les gardiens de but. En 1863, c'est la victoire du jeu de balle au pied, appelé *football* en anglais. Plus tard, et grâce aux Anglais, ce sport se fera connaître en Amérique du Sud, en Afrique et en Asie.

5. **Le sport le plus aimé au monde**
En quelques années, le football fait un bond en avant ! Il devient populaire, moins violent et plus collectif. Des clubs de foot se créent dans les usines. Enfin, des arbitres font respecter les règles sur le terrain. En 1930, la première Coupe du monde est organisée en Uruguay. Aujourd'hui, le football compte plus de 250 millions de joueurs, dont 30 millions de femmes.

Passion Sports, avril

146

cent quarante-six

1. Who used to play a form of football in ancient Greece? (**part 1**)

    (a) adult males

    (b) soldiers

    (c) boys and girls

2. What did players try to do in the Italian game of 'calcio'? (**part 2**)

    _____

3. In the Middle Ages, at what time of the year was the game of 'soule' usually played? (**part 3**)

    (a) Easter

    (b) Christmas

    (c) summer time

4. How do we know that this was often a very aggressive game? (**part 3**)

    _____

5. Besides regulating the size of the ground, what **two** other rules were put in place in England during the 19th century? (**part 4**)

    _____

    _____

6. Where were many of the early football clubs formed? (**part 5**)

    (a) in Uruguay

    (b) in factories

    (c) on building sites

7. What happened in Uruguay in 1930? (**part 5**)

    _____

reading comprehension

cent quarante-sept

Question 10

Read this interview with Philippe Frey, who spends at least six months each year living in the desert and studying the habits and life of the people who live there. Answer the questions that follow.

L'EXPERT

PHILIPPE FREY

Il a voyagé seul, à pied, à dos de chameau ou à cheval, dans les plus grands déserts du monde. Ethnologue et aventurier, Philippe Frey vit six mois de l'année dans le désert avec les nomades qui l'ont surnommé le « nomade blanc ».

1 Qui sont les peuples du désert ?
Les peuples du désert sont tous différents. Ils s'adaptent au désert dans lequel ils vivent. Dans les déserts arides, ils sont nomades, comme les Touaregs et les Bédouins, et vivent grâce au lait et à la viande des animaux qu'ils élèvent.

2 Est-ce qu'ils considèrent le désert comme leur terre ?
Non, dans le Sahara, chaque tribu possède son territoire – environ de la taille de 2 départements français – et elle n'en sort pas. Les tribus se rencontrent au puits quand elles font boire les animaux, mais chacune retourne ensuite sur son territoire. Les nomades ne vont jamais dans une partie du désert qu'ils ne connaissent pas. C'est trop dangereux.

3 Quel peuple vous a le plus impressionné ?
Je me souviens d'avoir croisé un ado de 12 ans, du peuple toubou, qui faisait seul, à dos de chameau, 200 km, soit un voyage de 4 jours, pour aller chercher de la farine. Ce garçon m'a impressionné par son indépendance et sa maîtrise du désert. Je suis aussi admiratif devant les Afars, un peuple qui vit en Éthiopie, dans le désert Danakil. Cette région se situe 140 m au-dessous du niveau de la mer, et il y fait particulièrement chaud. Les Afars y vivent tranquillement, tête nue.

4 Est-ce que nous avons des choses à apprendre d'eux ?
Les peuples qui vivent dans le désert ont une parfaite connaissance de leur

milieu. C'est un environnement difficile dans lequel ils vivent plutôt bien, sans recours à aucune technologie. Les Bushmen ont simplement trouvé un équilibre avec les animaux et les plantes. Ils ont pour la nature un grand respect que nous avons perdu.

animaux, les caravanes ... Les Touaregs vendent des bêtes dans les marchés, ils parlent 4 ou 5 langues et comptent très bien. Leur mère leur apprend à écrire. Leur langue est difficile car il n'y a que des consonnes. Mais surtout ils apprennent le désert !

5 **Quelle éducation reçoivent les jeunes dans le désert ?**
Ils apprennent ce qu'ils ont besoin de savoir pour leur survie : les plantes, les

+ **Infos**
50° Déserts brûlants, Philippe Frey, éd. JC Lattès

(a) Apart from walking, name **one** way in which Philippe travels around the desert. (**introduction**)

(b) In dry desert areas, what do the Touareg and Bedouin peoples eat and drink? (**part 1**)

(c) Where do the Sahara tribes often meet up together? (**part 2**)

(d) Where do nomads never go? (**part 2**)

(e) Name **two** things we learn about the young boy he met in the heart of the Sahara desert. (**part 3**)

(f) What does Philippe say about the Bushmen in relation to their environment? (**part 4**)

(g) Name **one** skill the Touaregs have. (**part 5**)

reading comprehension

149

cent quarante-neuf

Paper Thirteen

Question 1

Match the following sets of signs and pictures. Indicate your answer in all cases by inserting the letters which correspond to the numbers in the boxes below.

No.	Letter
1	
2	
3	
4	
5	
6	
7	
8	
9	
10	

1. DÉPANNAGE
2. (children in pool)
3. PATINS À GLACE
4. (road crossing)
5. POISSONNERIE
6. (elevator/lift)
7. SENS UNIQUE
8. (laundromat)
9. SORTIE D'URGENCE
10. (escalators/shopping centre)

A. (tunnel entrance)
B. CENTRE COMMERCIAL
C. (lifts)
D. LAVERIE AUTOMATIQUE
E. (fish stall)
F. ATTENTION CROISEMENT!
G. (fish)
H. BASSIN ENFANTS
I. (tow truck)
J. ACCÈS AU SOUS-SOL

150

cent cinquante

Question 2

Read the signs/texts which follow and answer all the questions.

1. You have parked the car in a multi-storey car park and need to find the sign for the ground floor. Which sign will tell you where to go? Select a, b, c or d. Write your answer in the box below.

   (a) Rez-de-chaussée

   (b) Location autos

   (c) Escalier roulant

   (d) Premier étage

2. You are in a French supermarket and want to buy some frozen food. Which sign will tell you where to find it? Select a, b, c or d. Write your answer in the box below.

   (a) Charcuterie

   (b) Produits laitiers

   (c) Surgélés

   (d) Légumes

Question 3

This headline tells you that workers

Employés annoncent la reprise du travail après une grève de 12 jours.

(a) are going on strike for 12 days.

(b) will be on holiday for 12 days.

(c) have enough work for 12 days.

(d) are going back to work after 12 days on strike.

Question 4

Where did you spend your money?

```
Dentifrice ..........................2.95 €
Brosse à dents....................3.50 €
Paquet de sparadrap .........4.20 €
..................................................
                                      10.65 €
..................................................
```

(a) a newsagent's

(b) a grocery store

(c) a clothes store

(d) a chemist's shop

reading comprehension

151

cent cinquante et un

Question 5

Read this leaflet, which gives details of an automatic ticket machine, and answer the questions.

(a) Besides buying or collecting your pre-booked tickets, what else can the machine tell you?

_____

_____

(b) Where are these machines to be found?

_____

_____

(c) What is the only way you can pay?

_____

_____

LA BILLETTERIE AUTOMATIQUE GRANDES LIGNES

VOTRE BILLET EN UN CLIN D'ŒIL

Vous ne voulez pas attendre …
Cet automate vous permet d'acheter votre billet ou de retirer un billet commandé par téléphone, internet ou minitel (sauf tarif PREM'S) et de vous renseigner sur les horaires et les tarifs.

Distributeurs disponibles en gare.
Paiement uniquement par carte bancaire

Question 6

Read the details about this excursion along the coast of Cap d'Agde and answer the questions.

« Sardinade détente au Fort Brescou »

Tous les lundis et mardis, en juillet et août, laissez vous tenter par le spectacle d'un coucher de soleil en dégustant avec les doigts une grillade de sardines sur la braise. Le repas est composé de sardines, saucisses, merguez, pain, fromage, fruit et vin. Soirées à consommer sans modération.

Exclusivement sur réservation.

(a) On which days of the week can you go on this trip?

_____

(b) At what time of the day does the excursion take place?

_____

(c) Apart from sardines, name **two** other items on the barbecue menu.

_____   _____

cent cinquante-deux

Question 7

Read this recipe and indicate with a tick (✓) whether the statements are **True** or **False**.

Salade d'oranges et fruits secs

Pour 6 personnes • Préparation : 15 min • Pas de cuisson
Réfrigération : 40 min

1. Coupez les dattes en deux. Rincez les brins de menthe.
2. Pressez une orange et le citron. Pelez les autres oranges à vif.
3. Coupez-les en rondelles. Versez-les dans un bol avec le jus d'agrumes, le sucre, les dattes, les raisins secs, les amandes et la menthe.
4. Placez au réfrigérateur pendant au minimum 45 min. Servez très frais.

- 6 oranges
- 2 brins de menthe
- 18 dattes dénoyautées
- 1 citron
- 50g de sucre
- 50g d'amandes effilées
- 50g de raisins secs

Statement	True	False
(a) The ingredients for this recipe include mint.	☐	☐
(b) The stones should be left in the dates. (**point 1**)	☐	☐
(c) According to **point 2**, you should squeeze the juice from one of the oranges.	☐	☐
(d) All the ingredients should be placed in a bowl. (**point 3**)	☐	☐
(e) The ingredients should be left for not more than 40 minutes in the fridge. (**point 4**)	☐	☐

reading comprehension

cent cinquante-trois

Question 8

Read these interviews with young French teenagers who are talking about what they like and don't like to eat and answer the questions that follow.

Moi, j'ai passé du temps chez mon oncle à New York. J'ai remarqué que les Américains se servent dans le frigo tout au long de la journée et rarement se retrouvent en famille pour partager un vrai repas.

Alexis, 15 ans

Mes parents attachent beaucoup d'importance à la nourriture : nous mangeons bio. J'aime l'idée que notre alimentation aide la nature. Plus tard, je ne mangerai pas de viande. Je trouve ça répugnant de manger des animaux.

Mathilde, 13 ans

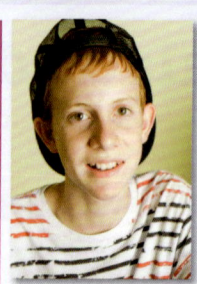

« Je mange de tout. J'ai déjà goûté de la cervelle et de la langue de bœuf, et je ne les aime pas. Je pense qu'il est important d'éviter les graisses.

Bernard, 13 ans

Le repas est un moment important où l'on peut se poser pour discuter. Généralement, je ne crois pas que les ados mangent plus mal que les adultes.

Khalid, 14 ans

J'aime tous les légumes. J'essaie de manger équilibré, mais parfois je grignote du gâteau au chocolat après l'école.

Aimée, 11 ans

Manger, c'est d'abord important pour être en forme. Je crois que l'on mange trop de sucre et de sel. J'adore cuisiner pour ma famille et inventer des plats.

Ali, 13 ans

J'aime manger les pâtes à la carbonara et la pizza. Mais j'ai un problème avec les légumes, donc c'est compliqué pour les repas en famille.

Aurélie, 16 ans

Write the name of the person who

(a) likes all kinds of vegetables. _____

(b) thinks that mealtimes are very important for the family. _____

(c) thinks it's important to avoid fatty foods. _____

(d) loves pasta. _____

cent cinquante-quatre

Question 9

Read this article about FISE (*Festival International des Sports Extrêmes*), which took place in the French city of Montpellier, and answer the questions that follow.

MIAMI, MONTPELLIER, LES VILLES DES SPORTS DU XXIE SIÈCLE

BMX, skateboard, roller, wakeboard, VTT slopestyle ... Du 20 au 24 mai au bord du Lez, le FISE met au-devant de la scène les sports extrêmes

1 Les meilleurs riders de la planète se sont donné rendez-vous au bord du Lez à Montpellier pour la 13e édition du Festival International des Sports Extrêmes. Les champions de skateboard, de roller, de BMX, de VTT et de wakeboard assureront le spectacle sur 1,5 km. Pendant cinq jours, Montpellier baignera dans une ambiance unique où se côtoieront professionnels, amateurs de sports de glisse et familles.

2 Devenue la première manifestation de sports extrêmes d'Europe, le FISE accueille aujourd'hui plus de trois cent mille spectateurs. Tous les débutants pourront gratuitement participer aux disciplines du FISE sur des aires d'initiation dédiées. Sous l'œil attentif des meilleurs compétiteurs comme Anne-Caroline Chausson, médaille d'or en BMX aux Jeux Olympiques, chacun pourra partager les sensations des sports extrêmes.

Harmonie, n° 262, mai

1. During which dates will the festival take place? (**heading**)

2. For how long has this festival taken place? (**part 1**)

3. Name **two** sports in which competitions will take place. (**part 1**)

4. Which group of people will attend? (**part 1**)
   (a) teachers
   (b) families
   (c) school classes

5. How many spectators are expected? (**part 2**)

6. How much will it cost for beginners? (**part 2**)

7. What title does Anne-Caroline Chausson hold? (**part 2**)

Thomas Pesquet : « Je vais faire un job de rêve »

Le jeune Français, âgé de 31 ans, a été sélectionné parmi plus de 8 400 candidats.

1 « Depuis lundi je n'ai pas beaucoup dormi ... », plaisante Thomas Pesquet, très à l'aise devant la forêt de micros et de caméras pointés vers lui. Ce soir-là, vers 22 heures, le téléphone a sonné : « C'est là que j'ai appris que j'étais sélectionné. On a aussitôt débouché une bouteille de champagne », poursuit ce jeune homme de 31 ans, originaire de Rouen.

2 Maintenant, c'est le « saut dans l'inconnu. Je vais faire un job de rêve, mais j'ai encore du mal à me considérer comme un spationaute », avoue-t-il avant de démarrer, le 1er septembre prochain, en compagnie de ses cinq « camarades de promotion », les trois ans et demi de formation qui l'attendent au Centre européen des astronautes de Cologne. Thomas a d'abord travaillé comme ingénieur de recherche au Centre national d'études spatiales avant de devenir, il y a deux ans, pilote de ligne à Air France où il effectue des vols moyen-courriers aux commandes d'Airbus A320.

3 À ses heures perdues, il joue du saxophone, pratique le parapente, le ski, la plongée, la natation, le squash mais aussi le judo où il est ceinture noire.

4 Ses motivations ? « J'ai toujours rêvé de voyager dans l'espace et pourquoi pas sur la Lune, où l'humanité n'est pas retournée depuis les années 1970. » Mais Thomas insiste aussi sur sa volonté de faire un travail « utile et bénéfique pour la société avec un but qui ne se résume pas à amasser de grosses sommes d'argent. » Il espère également apprendre et découvrir, ce qui est selon lui, le « quotidien d'un astronaute ».

Le Figaro, jeudi 21 mai

1   What has been the effect on Thomas since he heard the news on Monday? (**part 1**)
    _____

2   What was the first thing he did when he got the news? (**part 1**)
    _____

3   How long will his training take? (**part 2**)
    _____

4   What job has he been doing for the past two years? (**part 2**)

    (a) motorbike courier

    (b) engineer

    (c) pilot

5   Name one water sport he enjoys. (**part 3**)
    _____

6   What level has he reached in judo? (**part 3**)
    _____

7   What does he hope his work will achieve? (**part 4**)

    (a) he'll be rich

    (b) his work will be useful

    (c) he'll be married

8   On a personal level, what does he hope to learn? (**part 4**)
    _____

Paper Fourteen

Question 1

Match the following sets of signs and pictures. Indicate your answer in all cases by inserting the letters which correspond to the numbers in the boxes below.

No.	Letter
1	I
2	~~X~~ F
3	E
4	H
5	A
6	J
7	C
8	B
9	G
10	D

cent cinquante-huit

Question 2

Read the signs/texts which follow and answer all the questions.

1. You are in a French airport waiting for your flight and want to do some last minute shopping. Which sign tells you where the shops are? Select a, b, c or d. Write your answer in the box below.

   (a) Point de départ
   (b) Renseignements
   (c) Point d'embarquement
   (d) Point de vente

   `d`

2. You are looking for the bus station in a French town. Which sign would you follow? Select a, b, c or d. Write your answer in the box below.

   (a) Gare SNCF
   (b) Gare routière
   (c) Arrêt d'autobus
   (d) Stationnement à 50m

   `b`

Question 3

This sign tells you

Musée fermé exceptionnellement jeudi, 7 juillet en préparation pour nouvelle exposition chinoise.

(a) the museum will be open specially on 7 July.
(b) the museum will be closed specially on 7 July.
(c) there will be a special exhibition from 7 July.   `c`
(d) the exhibition will end on 7 July.

Question 4

This roadsign tells you

Attention ! Fin de piste cyclable

(a) no bicycles are allowed in this lane.
(b) the cycle lane starts here.
(c) the cycle lane ends here.
(d) cyclists should beware of approaching slope.

`c`

Question 5

Read this brochure for a Go-Karting track in Provence and answer the questions.

(a) What claim is made for this track?
_____
_____

(b) During which period does the track close at 6 p.m.?
___*winter*___

(c) What happens on 29, 30 and 31 August?
___*exceptional closure*___

(d) For what age group is this outing suitable?
___*8 years*___

KARTING LOCATION
LE PLUS GRAND CIRCUIT PLEIN AIR DE LA RÉGION

Ouvert aux particuliers
vendredi – samedi – dimanche
et jours fériés de 14h à 19h
(hiver jusqu'à 18h)

Sur réservation : Organisation de Compétitions Loisirs pour Groupes, CE et Sociétés

Fermeture exceptionnelle les 29, 30 & 31 août

Pour toute la famille dès 8 ans
Circuit proche des Baux de Provence

Question 6

Read this article about Mont Blanc and answer the questions.

Le mont Blanc

Le plus haut sommet des Alpes

Avec 4 810 mètres d'altitude, le mont Blanc est le plus haut sommet des Alpes, de la France et de l'Europe de l'Ouest. On le surnomme le « toit de l'Europe ». Seules les montagnes du Caucase (à la frontière entre la Russie, la Géorgie et l'Azerbaïdjan) le dépassent sur le continent européen.

La première ascension

Le 8 août 1786, les Chamoniards Jacques Balmat, chasseur de chamois et cristallier, et Michel Gabriel Paccard, médecin, sont les premiers à atteindre le sommet du mont Blanc. L'exploit marque les débuts de l'alpinisme. Aujourd'hui, en été, 300 personnes tentent la montée chaque jour, et la moitié seulement arrive au sommet !

Mon Quotidien, n° 23

1 What does the nickname 'toit de l'Europe' mean?

(a) the giant of Europe   (b) the rooftop of Europe   (c) the tower of Europe   ___*b*___

2 What was the profession of Michel Gabriel Paccard? ___*doctor*___

3 According to the text, how many people reach the summit each day? ___*300*___

160 cent soixante

Question 7

Read this article about an unusual rescue which took place in Australia and answer the questions.

Un surfeur sauve un kangourou de la noyade

Il a pris sa planche de surf et s'est jeté à l'eau pour sauver ... un kangourou ! La semaine dernière, le surfeur Neil McCallum, 48 ans, aperçoit un petit kangourou au bord de l'eau, sur une plage du Queensland, au nord-est de l'Australie (Océanie). Neil a d'abord cru que l'animal se baignait tranquillement, mais il s'est aperçu qu'il était en difficulté et sur le point de se noyer.

Le surfeur a enfilé sa tenue, pris sa planche et il est parti au secours du marsupial. Il n'a pas réussi à le faire monter sur son surf, mais est parvenu à le traîner jusqu'au rivage. Le kangourou s'est alors enfui. Rick avait demandé à sa femme de filmer le sauvetage à l'aide de son téléphone portable. La vidéo a été vue des milliers de fois sur Internet !

T. Suinot, www.playback.fr
Mon Quotidien, mai

(a) When did this event take place?
    Last week

(b) Where was the kangaroo?
    Queensland beach, waters edge

(c) What did Neil do when he noticed the kangaroo was in danger?
    He surfed to shore with it.

(d) What did the kangaroo do when they reached the shore?
    It fled

(e) What did his wife do in the meantime?
    Filmed the rescue

(f) What happened as a result?
    the video was viewed 1000 times on the internet.

Question 8

Read these following descriptions of unusual races which take place in different countries around the world and answer the questions below.

SUISSE
Chaque année, à la Saint-Sylvestre, des concurrents dévalent les pentes enneigées de la station de ski de Villars-sur-Ollon, dans les Alpes suisses. Il ne faut pas avoir froid aux yeux pour se lancer en VTT le long des 5 km de piste de 700 mètres.

ALLEMAGNE
À Mueunsing, un village bavarois, aucun jeune ne veut manquer la traditionnelle course de bœufs, surtout qu'elle ne se déroule que tous les quatre ans.

NORVÈGE
Pour avancer rapidement en ski de fond, il faut avoir de bonnes jambes et de bons bras. En Norvège, ils ont trouvé une solution moins fatigante : le renne. Le nord du pays est idéal pour pratiquer ce sport hors du commun.

ANGLETERRE
Un fromage rond de 4 kilos est lâché sur une pente. Les candidats, déguisés ou non, se lancent à sa poursuite, et celui qui l'attrape gagne le fromage et 15 minutes de gloire locale.

CANADA
Pour célébrer l'arrivée du printemps, les jeunes Inuits, qui vivent au nord du Canada, organisent une course peu ordinaire. Ils courent pieds nus dans la neige.

KENYA
Sur l'île Lamu, au large du Kenya, l'âne est le seul moyen de transport capable d'avancer dans les ruelles étroites de la ville. Le gagnant de la course remporte une petite somme d'argent.

FRANCE
Le canicross est une course à pied où l'homme fait équipe avec un chien. Le principe est simple : il faut aller le plus vite possible en respectant impérativement l'allure de l'animal.

Write down in English the name of the country in which a race

(a) takes place in bare feet. _____Canada_____

(b) takes place on New Year's Day. _____Suisse_____

(c) takes place where the winner gets a huge cheese as the prize. _____Angleterre_____

(d) takes place once every four years. _____Allemagne_____

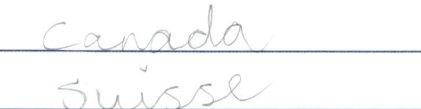

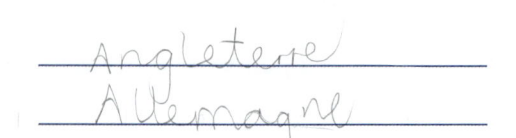

cent soixante-deux

Question 9

Read this interview with French woman Mimie Mathy who has become an ambassador for Unicef in France. Then answer the questions.

Un ange gardien au service des enfants

1 Il y a 20 ans, les Nations Unies adoptaient la Convention internationale des droits de l'enfant à l'unanimité. Pour célébrer cet anniversaire, l'association pour la protection de l'enfance Unicef-France a choisi une nouvelle ambassadrice : la comédienne Mimie Mathy, héroïne de la série *Joséphine, ange gardien* sur TF1. Rencontre avec l'une des femmes préférées des Français, selon un sondage TNS-Sofrès.

2 Pourquoi avez-vous accepté cette mission ?

Je me suis toujours sentie proche des enfants, car je déteste l'injustice. Même si je n'ai jamais eu d'enfants, il y en a toujours eu beaucoup autour de moi. D'abord, mon mari en a 4, et moi-même, j'ai 8 filleuls et plein de neveux et nièces.

3 De quelle manière allez-vous agir à l'Unicef ?

J'espère alerter les gens sur tout ce qui fait souffrir les enfants dans le monde : la guerre, la famine, les abus sexuels, les violences, les maladies ... Je veux aussi rendre visibles des situations invisibles. J'ai beau être un tout petit bout de femme, j'ai une niaque d'enfer !

4 Pensez-vous pouvoir changer les choses ?

J'aimerais pouvoir claquer des doigts pour que plus jamais un enfant n'ait faim. Hélas, dans la vraie vie, je ne suis pas un ange. Mais je vais tenter de suivre ma devise de toujours : quand on veut, on peut.

Mon Quotidien, mai

---

1 What happened 20 years ago? (**part 1**) _____

2 What is Mimie's job? (**part 1**) _comedian_

3 Why did she accept the role of becoming an ambassador? (**part 2**)
   she hates injustice

4 Although she has no children of her own, what children does she mention? (**part 2**) _godchildren_

5 Name **two** of the problems suffered by children to which she would like to draw attention. (**part 3**)
   the war   _famine_

6 What does she say about her physical appearance? (**part 3**)
   she's very small

7 What is her motto in life? (**part 4**) _when we want, we can_

cent soixante-trois

Question 10

Read this article about a fictional interview with Tarzan, on the occasion of an exhibition about him which took place in Paris. Then answer the questions.

TARZAN ENTRE AU MUSÉE

Homme-singe. L'un des personnages les plus célèbres de la littérature d'aventures est le héros d'une exposition à Paris.

1. **L'histoire de Tarzan :** Au tout début du 20e siècle, John Clayton et sa femme sont abandonnés sur une côte sauvage de l'Afrique après une révolte de l'équipage de leur navire. Ils construisent une cabane et ont bientôt un bébé. Mais ils sont tués par des gorilles. L'enfant est recueilli par une femelle dont le petit vient de mourir. Élevé par les primates, le petit garçon blanc va devenir le seigneur de la jungle grâce à sa force et à son intelligence. Au total, Edgar Rice Burroughs a écrit 26 romans sur Tarzan.

2. *Interviewer* : Une expo sur toi au prestigieux musée du quai Branly, c'est la classe !
   Tarzan : Tant mieux, c'est l'occasion de rétablir ma réputation. Dans la plupart des 42 films dont je suis le héros, on me fait passer pour une sorte de brute. Qui serait capable, comme moi, d'apprendre l'anglais avec seulement les livres d'images que mes regrettés parents avaient emportés dans la jungle ?

3. Oui, mais tu as tout de même préféré vivre avec les singes plutôt qu'en Grande-Bretagne …
   Tarzan : Adulte, quand j'ai eu l'occasion d'aller dans le pays de mes parents, je n'ai pas supporté l'hypocrisie de la société britannique. Mon père, l'écrivain américain Edgar Rice Burroughs (1875–1950), considérait la jungle comme un paradis habité par de gentils sauvages.

cent soixante-quatre

4 Ton papa a l'air sympa, mais l'expo montre qu'il était aussi un peu raciste …

Tarzan : Il faut se rappeler qu'à l'époque, dans les années 1920, les Européens dominaient l'Afrique et considéraient souvent les Africains comme des êtres inférieurs. En fait, Edgar Rice Burroughs n'a jamais mis les pieds en Afrique ! Il partageait les idées de son époque qui faisaient de l'homme blanc un homme supérieur. Mais les Blancs y sont parfois présentés comme des explorateurs stupides et cruels.

5 Quinze millions de livres vendus, 42 films au cinéma, 15 000 BD de tes aventures : comment expliquer ton succès ?

Tarzan : Facile, je suis beau et musclé ! Plus sérieusement, je pense que mon papa était un excellent conteur. Sais-tu qu'il a aussi écrit plusieurs séries de science-fiction ? Et puis, comme je l'ai dit avant, je crois que les lecteurs sont fascinés par le côté paradisiaque de la jungle, cette nature loin de la pollution.

(a) What did John Clayton and his wife do when they were abandoned? (**part 1**)
made a cabin

(b) Who brought Tarzan up? (**part 1**)
gorillas

(c) How does Tarzan think he has been portrayed in the films made about him? (**part 2**)
gross

(d) How did he learn to speak English? (**part 2**)
books + pictures of his parents

(e) What nationality was Edgar Rice Burroughs, the creator of the character Tarzan? (**part 3**)
British

(f) Name one fact we learn about the author Edgar Rice Burroughs. (**part 4**)
never in Africa

(g) Besides *Tarzan,* what else did Burroughs write? (**part 5**)
science-fiction books.

(h) Why does he think readers have found the Tarzan stories so enjoyable? (**part 5**)
fascinated by the jungle.

Paper Fifteen

Question 1

Match the following sets of signs and pictures. Indicate your answer in all cases by inserting the letters which correspond to the numbers in the boxes below.

No.	Letter
1	C
2	D
3	G
4	H
5	I
6	B
7	A
8	J
9	E
10	F

cent soixante-six

Question 2

Read the signs/texts which follow and answer all the questions.

1. You and your friend are staying in Rennes and fancy eating some traditional pancakes. Which shop sells them? Select a, b, c or d. Write your answer in the box below.

   (a) Confiserie

   (b) Crêperie

   (c) Pâtisserie

   (d) Fromagerie

   [Answer: b]

2. It is Sunday and you need to have a prescription filled urgently. Which sign tells you where to go? Select a, b, c or d. Write your answer in the box below.

   (a) Pharmacie de garde

   (b) Salle d'urgences

   (c) Croix rouge

   (d) Drogerie

   [Answer: a]

Question 3

This roadside sign tells you that

Sortie – aire de repos 2000 mètres

(a) there is a restaurant ahead.

(b) there is a diversion ahead.

(c) there is a playground ahead.

(d) there is a rest area ahead.

[Answer: d]

Question 4

This is an advertisement for

L'école de Rugby organise
Vide-Grenier
Samedi 28 septembre
Place au parc municipal
Réservation au 05 78 32 76 72

(a) a coaching session organised by the rugby club.

(b) a car boot sale in aid of the rugby club.

(c) a wine-tasting in aid of the rugby club.

(d) new members for the rugby club.

[Answer: b]

cent soixante-sept

Question 5

Read this advertisement for a new 'Lou Archer' novel and answer the questions that follow.

(a) In which country does the novel take place?
England

(b) What are we told about Lou's upbringing?
the loves adventure sails

(c) What event sets her on her route to adventure?
A pirate gives him a treasure map.

LOU ARCHER
Le Cheval des Tempêtes
Christian de Montella

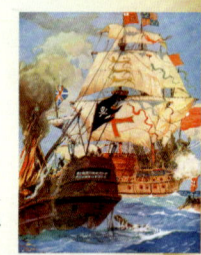

Angleterre, 17ᵉ siècle. Élevée comme un garçon jusqu'à l'âge de 15 ans, Lou ne rêve que de mer et d'aventures. Lorsqu'un pirate blessé dans une rixe lui remet la carte d'un trésor, Lou décide d'aller à la rencontre de son destin. Mais elle n'est pas la seule à convoiter le mystérieux trésor …

Mon Quotidien, n° 23

Question 6

Un moustique astronaute
Ce moustique a survécu dans l'espace.

C'ÉTAIT UN LONG SOMMEIL POUR MOI, MAIS UN GRAND PAS POUR L'HOMME !

Confortablement installé dans une petite capsule placée à l'extérieur de la Station spatiale internationale, le moustique a dormi pendant plus d'un an. Sans nourriture et par des températures extrêmes de −150°C à +60°C, il est revenu à la vie de retour sur Terre. Le but des scientifiques ? Voir comment la vie réagit aux voyages spatiaux. Des bactéries et des champignons avaient déjà fait un tel voyage. Aujourd'hui les chercheurs analysent les résultats.

Wapiti, n° 266, mai

(a) Where did this mosquito go? _small capsule_

(b) For how long did it sleep? _year_

(c) Name **one** hardship it suffered. _high temperature_

(d) What was the aim of the research? _To bring him back to life_

(e) Apart from bacteria, what else has made the same journey?
fungi

Question 7

Read this recipe and answer the questions that follow.

Lapin braisé aux olives et au bacon

Pour 6 personnes • Préparation : 25 min
Cuisson : 35 min

1. Chauffez le four sur thermostat 6–7 (200°C). Coupez le bacon. Épluchez l'oignon et les gousses d'ail et effilez le céleri. Émincez-le tout finement.
2. Faites fondre tous les légumes 5 min dans une cocotte avec les tranches de bacon et l'huile.
3. Ajoutez les morceaux de lapin dans la cocotte, glissez-la au four pour 10 min. Versez le vin blanc et poursuivez la cuisson au four pendant 20 min.
4. Ajoutez les olives vertes, rectifiez l'assaisonnement si nécessaire. Servez accompagné de tagliatelles fraîches.

- 1 lapin découpé en morceaux
- 6 tranches de bacon très fines
- 1 oignon
- 1 petite branche de céleri
- 2 gousses d'ail
- 120 g d'olives vertes dénoyautées
- 2 cuil. à soupe d'huile
- 30 cl de vin blanc sec
- Sel, poivre

reading comprehension

1. The meat used in this recipe is

   (a) chicken.
   (b) turkey.   **c**
   (c) rabbit.
   (d) veal.

2. Complete the following information about the ingredients by filling in the gaps.

   2 cloves _____garlic_____
   2 tablespoons _____oil soup_____
   30 cl. _____dry white wine_____

3. According to **point 4**, how should you serve the dish?
   _____with fresh tagliatelle_____

Question 8

You and your family are staying in a French town. Read the following advertisements for activities and attractions in the area and answer the questions that follow.

Les Aigles de St. Julien

Aigles, faucons, hiboux, chouettes, plus de trente espèces différentes voleront jusqu'à raser vos têtes dans un ballet aérien hors du commun. Découvrez leur complicité avec leurs fauconniers en venant admirer les glissades et leur maîtrise de l'air. Ouvert 6 jours sur 7 (sauf mercredi).

École St. Julien

Olivier et toute son équipe vous accueillent tous les jours. École de plongée, Initiation, Perfectionnement, Passage de Brevets sous la conduite de Moniteurs d'État. Fermeture le mercredi, sauf juillet et août.

Promenade de Pont de St. Julien

François et Pierre vous accueillent pour une promenade à cheval au cœur des marais avec la traversée de l'étang. Ils vous proposent « Une Journée Oiseaux-Cheval » avec visite du parc ornithologique, déjeuner et deux heures de cheval. Tous les jours d'été, sauf dimanche.

Caves de St. Julien

Cours et animations œnologiques; initiation à la dégustation, découverte des vignobles et des appellations, cours de cuisine, séjours gourmands et viticoles.

Hôtel de Ville

Visitations et démonstrations d'ateliers autour du livre. Calligraphie; Caricature; Illustration; Typographie; Fabrication du papier et papier marbré. Samedi, 14h à 18h.

Le Marais St. Julien

Dimanche, 8h30. Concours et initiation à la pêche pour les enfants, exposition et démonstrations techniques de pêche avec les pêcheurs d'Arles et de Saint-Martin-de-Crau. Inscription avant 8h sur place.

Les Jardins du Manoir St. Julien

– le plus beau jardin de la région. Ouvert tous les jours de l'année. Les jardins ont été tracés au XVIIIe siècle. Ils sont magnifiques et différents en toute saison. Surplombant les allées de verdure du jardin, le restaurant « Le Coin Vert » vous accueille sur la terrasse ombragée ou à l'intérieur.

Write down the name of the activity which you think would suit

(a) your mother who is interested in wine. _caves_

(b) your young brother who loves to fish. _Le marais_

(c) your sister who likes bird watching and horse-riding. _Promenade_

(d) your father who likes deep sea diving. _École St. Julien_

Question 9

Read this article about four words which every sportsperson knows well and answer the questions that follow.

4 mots du sport

Tu aimes le sport ? Tu es un vrai sportif ?
Alors, tu dois absolument connaître le sens de ces mots.

1 Arbitrage
Toute épreuve sportive a des règles. Pour les faire respecter, il faut des arbitres. En effet, ils doivent souvent prendre leurs décisions très vite, et parfois le public ou certains concurrents ne sont pas d'accord. Aujourd'hui, dans certains sports, l'arbitre peut utiliser la vidéo.

2 Dopage
Certains sportifs prennent des drogues pour développer leurs muscles, augmenter leurs performances et gagner. Le dopage est aussi dangereux pour la santé. Parfois, il est même mortel.

3 Fair-play
Jouer avec fair-play signifie jouer sans tricher et correctement. Ainsi, de grands champions peuvent perdre parce que leur matériel casse. Pourtant, ils saluent leur adversaire et reconnaissent sa victoire. C'est à son fair-play que l'on reconnaît un vrai sportif.

4 Supporter
Le mot d'origine anglaise désigne les personnes qui encouragent leur équipe ou leur champion. Un supporter peut laisser échapper sa joie ou sa déception, mais en aucun cas, il ne doit injurier les adversaires, les arbitres ou être violent.

Passion Sports, avril

1. Why are referees needed? (**part 1**)
   keep the game fair

2. What new technology can referees now use? (**part 1**)
   watch a video

3. Give **two** reasons why some athletes take drugs. (**part 2**)
   develop muscles   improve performance

4. What harmful effects can taking drugs have? (**part 2**)
   bad for health

5. According to the article, what does 'fair play' mean? (**part 3**)
   people who don't cheat

6. Where does the word 'supporter' come from? (**part 4**)
   people who encourage their teams

7. Name **one** sign of a true supporter. (**part 4**)
   not mean to the opponents

cent soixante et onze

Question 10

Read this interview with Sophie Audouin-Mamikonian, a popular author of teenage fantasy fiction in France, and answer the questions.

à l'affiche

Sophie Audouin-Mamikonian : jamais sans ses fans

À lire ses romans, on pourrait la croire débarquée d'un monde parallèle. Dans la vie, Sophie est beaucoup plus simple. Rencontre.

1 Sophie Audouin-Mamikonian est née le 24 août 1961, avec un mois d'avance. « J'étais déjà pressée de découvrir le monde ! », lance-t-elle en riant. Elle grandit à Paris, dans une famille d'intellectuels : grand-père directeur de journal et passionné par l'œuvre de Victor Hugo ; grand-mère écrivain ; mère journaliste. Elle commence par des contes, dès l'âge de 12 ans.

Elle était au lit après une péritonite. Elle s'ennuyait. « J'ai donc écrit *Chanteclair, le petit phénix d'or*. Depuis je n'ai jamais arrêté. Et je crois que je pourrais publier un livre par an jusqu'en ... 2042 ! »

2 Un rêve d'enfant.
Mais, ado, Sophie n'est pas très sûre d'elle. « Je pensais que je n'avais pas assez de talent pour être publiée. J'ai donc renoncé aux études littéraires pour choisir l'économie. La rencontre avec celui qui deviendra son mari change la donne. À 20 ans, Sophie est amoureuse. Elle change tout et se dirige vers la publicité.

3 Ses rêves d'enfant refont surface.
Pendant quatre ans, de 1987 à 1991, elle écrit le premier tome de *Tara Duncan* qu'elle propose à des éditeurs. Le livre est très mal accueilli : « Les maisons d'édition n'en voulaient pas car la *fantasy* était alors peu répandue en France. » Elle doit attendre 2003 pour être enfin publiée.

4 Bientôt au cinéma !

« Je suis devenue un phénomène grâce au bouche à oreille », commente la jeune femme. Elle a aussi créé un site Internet* très fréquenté : « Je voulais communiquer avec les ados comme je le fais avec mes deux filles. Je passe donc cinq heures par jour à répondre à leurs méls, en plus des dix heures de travail sur mes livres. »

5 Mais Sophie ne se contente pas d'Internet : elle sillonne la France de long en large pour des séances de dédicaces.

Son actualité aujourd'hui, c'est le tome 6 de *Tara Duncan*, bien sûr, mais aussi l'écriture du scénario d'un film, ainsi que celle des 26 épisodes de la série animée qui sera diffusée sur M6 en 2010. Elle travaille également à la suite d'un thriller, *La Danse des obèses*, dont le premier tome a été bien accueilli en avril dernier. Mais Sophie interdit de le lire aux moins de 16 ans : « Gardez-le pour plus tard ! »

Virginie Gruenenberger
*www.taraduncan.com
Le Monde des ados, n° 194, octobre

(a) What was unusual about Sophie's birth? (**part 1**)

(b) What was her grandfather's job? (**part 1**)

(c) What event led her to write her first story, *Chanteclair, le petit phénix d'or*? (**part 1**)

(d) What happened when she was 20? (**part 2**)

(e) How was her first novel in the *Tara Duncan* series received by publishers? (**part 3**)

(f) How many children does she have? (**part 4**)

(g) How much time does Sophie spend dealing with correspondence from her fans each day? (**part 4**)

(h) Apart from writing volume 6 in the *Tara Duncan* series, name one other project she is currently working on. (**part 5**)

To sum up the Reading Comprehension

Tips for your exam

Beforehand

- **Do practise reading** as much French as you can. Use your exam papers, textbook, magazines, brochures.
- **Do make a note of new words** you learn. Keep word lists – use the vocabulary lists on the website for this.
- **Do use** the **internet**. You will find websites in French for lots of sportspeople/stars/actors as well as tourist offices and famous buildings. Click on the language option to change the language to French.
- **Don't say** 'I can't find anything to read in French!' **Try:**
  - **Your local library.** They may subscribe to a French newspaper/magazine.
  - **Your relations/friends.** Ask them to bring you back magazines/brochures if they are going to France.
  - **Your local tourist site.** They will have a French version of their leaflet.
  - **Your kitchen cupboard.** All ingredients/instructions are now printed in several European languages.

On the day

- **Do read** the **questions**, before you read the text itself. The questions will give you clues as to what the text is about. Is there a photo with a caption? Is there a heading or title?
- **Do underline** the **key words** in the question. They help you to focus on what you need to find.
- **Do remember, questions come in the order** in which the answer appears in the text. Longer passages are divided into **parts/sections**.
- **Do give** a **full answer**, if there are several lines printed for your answer.
- **Do notice** the **tense of the verbs**, e.g. if you are asked what someone is going to do, look for a verb in the future tense.
- **Don't rush** or you **may misread a question**. In a question like 'Which of the ingredients is **not** included', many students miss the word 'not'.
- **Don't panic,** if you don't understand every word. **Concentrate on what you know.**
- **Don't leave** a **blank space**. A partial answer/good guess will gain some marks.

Before you hand up your exam

- **Do check** through all **your answers** to see if you are satisfied with what you have written.
- **Do make sure** that you have given **only one answer** for a **multiple choice question** – if you write two options you will receive no marks, even if one of them is correct.
- **Do remember** that all your answers, other than names of people or towns should be **in English** or **Irish**.

written expression

About the Written Expression

The written section of the exam follows the Reading Comprehension. For Higher Level, it is worth 80 marks or 24% of your total exam. For Ordinary Level, it is worth 60 marks or 18% of your total exam. You should spend about **40 minutes** on this section. The instructions will be in English.

Level	Marks	% of total exam
Higher	80	24%
Ordinary	60	18%

What will I find in the exam?

The Letter (formal or informal) – 50 marks
- **5 marks for the layout:** you must write a short address, i.e. not your full address, for an informal letter (a more detailed address for a formal letter), a date, an opening greeting, an ending and your name.
- **20 marks for communication:** you must complete all the tasks to gain full marks.
- **25 marks for language:** your French must be accurate (correct tenses and a good range of vocabulary).
- The Higher Level letter will **usually** have 5 tasks (4 **tasks** for Ordinary Level).

The Postcard and the Note – 30 marks
- **Higher Level** students will have **no choice**, therefore you must do whatever is on the paper on the day.
- **Ordinary Level** students will have the choice to write **either** a postcard **or** a note.
- 15 marks for communication.
- 15 marks for language.
- The postcard or note will **usually** have 3 tasks.

TIP: Spend more time on the letter as it earns more marks than the postcard or note.

How can I prepare for this part of the examination?
- **Go through past exam papers** and use the practice questions from this book to help you.
- **Learn phrases** and practise using them in your written work where suitable.
- **Learn vocabulary** as you will need lots of words to put your sentences together!
- **Read letters**, **notes** and **postcards** from your textbook/magazines/teacher's notes.
- **Learn and revise** the tenses: **past**, **present** and **future**.

During the exam
- **Know who** you are writing to (penfriend, parent, teacher, etc.).
- Use '**cher**' for a boy, e.g. 'Cher Paul'.
- Use '**chère**' for a girl, e.g. 'Chère Marianne'.
- Use '**chers**' for parents/grandparents e.g. 'Chers parents/Chers grands-parents'.
- Write out the **date** in letters not in figures. Do **not** write 3/5/2012; it should be 'le 3 mai 2012'.
- **Attempt each task** and aim for three sentences for each task.
- **Follow the instructions** carefully and don't leave anything out.
- Keep **focused on what is asked** so that you don't write any irrelevant material.
- **Use phrases** and **idioms** that you have practised and used during the year.
- **Use** as much **vocabulary** as you can – use a variety of phrases.
- **Remember!** When you cannot find the exact word, **think of another way** of expressing yourself, e.g. if you forget the word for 'friend' put in a name instead!
- Always **sign your name** at the end of the written task – the letter, the postcard or the note.
- Always **read back** over your work.
- **Check your spelling**, the **grammar** and make sure that you have used the **correct tenses**.

written expression

177

cent soixante-dix-sept

Informal Letters

Higher Level students have to write a letter with five tasks.

All five tasks must be answered.

Ordinary Level students have **four tasks** (at least) from a choice of **nine**.

The informal letter at Higher and Ordinary Level may ask you to thank your penfriend for his/her card, letter, present or for staying in their home and the journey home. You could be asked to say something about your school, your family, your area or your friend, what you did at the weekend or for a birthday or a holiday, e.g. Christmas/Easter. You might have to explain your plans for the coming weekend, summer or your birthday, invite your penfriend to come and stay, accept or refuse an invitation. All these topics have come up in past papers and mock papers.

5 marks are allocated for the layout of the letter.

Swords
le 10 avril

Cher Arnaud,

Amitiés,
Conor

Remember ...

1. Never write a full address, but only the **name of the town**, e.g. 'Enniscorthy/Athy' ...
2. Write the date using '**le**' + **number** + **month** at the top right-hand side.
3. **Never** use a capital letter for the month, so write, e.g. 'juin, juillet, août'.
4. When writing to a boy use '**Cher** ...' When writing to a girl use '**Chère** ...'
5. End the letter with a **closing remark** and **sign** the name that is given on the paper, e.g. 'Je dois te quitter/Écris-moi bientôt/Amitiés/Cordialement/Amicalement'.

cent soixante-dix-huit

Opening phrases

Désolé(e)* de ne pas avoir écrit plus tôt.	Sorry for not writing sooner.
Excuse-moi de ne pas avoir écrit plus tôt.	I am sorry for not having written sooner.
Comment vas-tu ?	How are you?
Comment va toute la famille ?	How is all the family?
ta mère ?	your mother?
ton père ?	your father?
ta sœur ?	your sister?
ton frère ?	your brother?
ton ami ?	your friend? (male friend)
ton amie ?	your friend? (female friend)
ton cousin ?	your cousin? (male cousin)
ta cousine ?	your cousin? (female cousin)
Comment vont tes parents ?	How are your parents?
tes amis ?	your friends? (male friends/male and female)
tes amies ?	your friends? (female friends only)
Ta mère va mieux après son accident de voiture ?	Is your mother better after her car accident?
Ton père va mieux après son accident ?	Is your father better after his accident?
Je vais bien.	I am well.
Je suis en pleine forme.	I am in great form.
Tout va bien. *Or:* Tout se passe bien.	Everything is going well.
Je suis occupé.	I'm busy. (male)
Je suis occupée.	I'm busy. (female)
J'écris pour te souhaiter …	I am writing to wish you …
Joyeux Noël.	Happy Christmas
une bonne année.	a Happy New Year.
Joyeuses Pâques.	Happy Easter.
bonne chance/bon courage.	good luck.
bon voyage.	a good trip.
un heureux anniversaire.	a happy birthday.
un bon anniversaire.	

*You add an extra '-e' if you are a girl writing the letter.

written expression

179

cent soixante-dix-neuf

Saying thank you

Je t'écris pour te remercier pour …	I am writing to thank you for …
ta lettre.	your letter.
ta carte d'anniversaire.	your birthday card.
ton e-mail/mél/courriel.	your e-mail.
ta carte.	your card.
ton cadeau.	your present
Merci mille fois pour ta lettre.	Thanks a million for your letter.
pour ton e-mail/courriel.	for your e-mail.
pour ta carte postale.	for your postcard.
pour ton cadeau.	for your present.
Je te remercie de tout mon cœur …	Thanks from the bottom of my heart …
pour ta lettre.	for your letter.
pour ton cadeau.	for your present.
pour mon séjour chez toi.	for my stay in your house.
pour mon séjour agréable.	for my pleasant stay.
Remercie tes parents de ma part.	Thank your parents for me.

Saying something about the present/gift/stay/holiday

J'ai reçu ton joli cadeau hier.	I received your lovely present yesterday.
Ton cadeau m'a beaucoup plu.	I really liked your present.
C'était super/formidable !	It was great!
J'aime beaucoup le maillot.	I really love the jersey.
Le bleu/le noir/le rouge/le rose … est ma couleur préférée.	Blue/black/red/pink … is my favourite colour.
J'adore le CD.	I love the CD.
le livre.	the book.
C'est mon chanteur préféré.	It's my favourite singer. (male)
C'est ma chanteuse préférée.	It's my favourite singer. (female)
C'est mon groupe préféré.	It's my favourite group.
Merci bien pour mon séjour.	Thanks so much for my stay.
Je me suis bien amusé.	I really enjoyed myself. (male)
Je me suis bien amusée.	I really enjoyed myself. (female)
Le séjour m'a beaucoup plu.	I really liked the stay.

180

cent quatre-vingts

L'échange m'a beaucoup plu.	I really liked the exchange.
Ta famille m'a reçu à bras ouverts.	Your parents welcomed me with open arms.
Ta famille était si sympa !	Your family was so nice!
Mon séjour chez toi était super.	My stay in your house was great.
J'ai surtout aimé la nourriture.	I especially loved the food.
la belle plage.	the lovely beach.
le beau temps.	the great weather.
J'ai aimé le petit village au bord de la mer avec son joli port de pêche.	I loved the little village by the sea with its lovely fishing harbour.
Pendant mon séjour, je me suis perdu.	During my stay I got lost. (male)
Je me suis perdue.	I got lost. (female)
Un jour, j'ai raté le bus.	One day, I missed the bus.
Un jour, je suis tombé dans la cour.	One day, I fell in the yard. (male)
Un jour, je suis tombée dans la cour.	One day, I fell in the yard. (female)

The journey back home after a trip/exchange/holiday

Le voyage retour était désagréable.	The journey home was unpleasant.
Le voyage était affreux.	The journey was awful.
Le vol avait du retard.	The flight was delayed.
Il y avait des retards à l'aéroport.	There were delays at the airport.
Il y avait une grève.	There was a strike.
Le voyage s'est bien passé.	The journey went well.
Le voyage retour était agréable.	The journey home was pleasant.
J'ai rencontré un beau garçon dans l'avion.	I met a handsome boy on the plane.
J'ai rencontré une belle fille dans l'avion.	I met a beautiful girl on the plane.
Nous avons parlé pendant le vol.	We talked during the flight.
Nous avons bavardé pendant tout le vol.	We chatted during the entire flight.
Je suis bien arrivé sans problème.	I arrived no problem. (male)
Je suis bien arrivée sans problème.	I arrived no problem. (female)
Je suis arrivé sain et sauf.	I arrived safe and sound. (male)
Je suis arrivée saine et sauve.	I arrived safe and sound. (female)
Je suis enfin arrivé à dix heures.	I finally arrived at 10 o'clock. (male)
Je suis enfin arrivée à minuit.	I finally arrived at midnight. (female)

written expression

The journey back home after a trip/exchange/holiday (*cont.*)

Je suis enfin arrivée à minuit.	I finally arrived at midnight. (female)
Heureusement, il n'y avait aucun problème.	Luckily, there weren't any problems.
Je suis arrivé à l'heure.	I arrived on time. (male)
Je suis arrivée à l'heure.	I arrived on time. (female)
À mon arrivée, j'étais très fatigué.	When I arrived, I was really tired. (male)
À mon arrivée, j'étais très fatiguée.	When I arrived, I was really tired. (female)

Family news

Mon frère a fêté son anniversaire …	My brother celebrated his birthday …
Ma sœur a fêté son anniversaire …	My sister celebrated her birthday …
le week-end dernier.	last weekend.
la semaine dernière.	last week.
Nous sommes allés au restaurant le soir.	We went to a restaurant in the evening.
Mon père va mieux.	My father is better.
Ma mère va mieux.	My mother is better.
Il/Elle a eu un accident (de voiture).	He/She had an accident (a car accident).
Il est tombé dans le jardin.	He fell in the garden.
Elle est tombée dans la rue.	She fell in the street/road.
Mon grand-père est malade.	My grandfather is unwell.
Ma grand-mère est à l'hôpital.	My grandmother is in hospital.
Il/Elle a de la fièvre.	He/She has a temperature.

cent quatre-vingt-deux

Il/Elle a une infection.	*He/She has an infection.*
Mon frère est parti en Australie/ au Canada.	*My brother went to Australia/ to Canada.*
Je rends visite à mes grands-parents ce week-end.	*I am visiting my grandparents this weekend.*
Mon père a un nouvel emploi.	*My father has a new job.*
Ma mère a trouvé un nouvel emploi.	*My mother has found a new job.*
Nous avons une nouvelle voiture.	*We have a new car.*
Elle est bleue/verte/noire.	*It is blue/green/black.*
Nous avons déménagé.	*We moved house.*
Notre nouvelle maison est grande.	*Our new house is big.*
Nous avons quatre chambres.	*We have four bedrooms.*
C'est une maison jumelée.	*It's a semi-detached house.*
C'est une maison individuelle.	*It's a detached house.*
Il y a un grand jardin.	*There is a big garden.*
Je fais du jardinage.	*I do some gardening.*
Je tonds la pelouse.	*I mow the lawn.*

Asking questions

Comment vont tes parents ?	*How are your parents?*
Comment va ta famille ?	*How is your family?*
Tu as des frères ?	*Do you have any brothers?*
Tu as des sœurs ?	*Do you have any sisters?*

written expression

cent quatre-vingt-trois

More family/home news: helping in the house

Je fais la cuisine.	*I do the cooking/I cook.*
Je fais la vaisselle.	*I do the washing up.*
Je range le salon.	*I tidy the sitting room.*
Je range ma chambre.	*I tidy my room.*
Je passe l'aspirateur.	*I do the hoovering.*
Je nettoie le lavabo.	*I clean the sink.*
Je mets la table.	*I set the table.*
Je vide le lave-vaisselle.	*I empty the dishwasher.*
Je sors les poubelles.	*I put out the bins.*
Je gagne de l'argent de poche.	*I earn pocket money.*
Je reçois dix euros par semaine.	*I get ten euro a week.*

Asking questions

Tu aides chez toi ?	*Do you help at home?*
Tu fais la cuisine ?	*Do you cook?*
Tu reçois de l'argent de poche ?	*Do you get pocket money?*
Combien est-ce que tu reçois ?	*How much do you get?*

Your local area

J'habite à la campagne.	*I live in the country.*
C'est calme/tranquille/agréable.	*It's calm/quiet/pleasant.*
J'habite en ville.	*I live in town.*
C'est animé/près de l'école.	*It's lively/near school.*
J'habite un lotissement.	*I live in a housing estate.*
C'est dans la banlieue.	*It's in the suburbs.*
Mon quartier est dans le nord/le sud/ dans l'ouest/l'est de l'Irlande.	*My neighbourhood is in the north/south/ in the west/east of Ireland.*

Interests/hobbies

Je suis sportif.	I'm sporty. (male)
Je suis sportive.	I'm sporty. (female)
Je joue au …	I play …
Je joue pour l'équipe de …	I play for the … team.
Je regarde la télé.	I watch TV.
Mon émission préférée est …	My favourite programme is …
C'est une émission musicale.	It's a music programme.
C'est une émission sportive.	It's a sports programme.
C'est une émission de télé-réalité.	It's a reality TV programme.
Je joue du piano.	I play piano.
de la guitare.	guitar.
de la batterie.	drums.
dans un groupe.	in a band.
Je chante dans une chorale …	I sing in a choir …
avec mon meilleur ami.	with my best friend. (male)
avec ma meilleure amie.	with my best friend. (female)

Asking questions

Tu es sportif?	Are you sporty? (male)
Tu es sportive?	Are you sporty? (female)
Quelle est ton émission préférée?	What's your favourite programme?
Quel genre de musique préfères-tu?	What's your favourite type of music?
Tu joues d'un instrument de musique?	Do you play a musical instrument?
Tu joues du piano?	Do you play the piano?

written expression

cent quatre-vingt-cinq

Weather phrases (present tense)

aujourd'hui	*today*
tous les jours	*every day*
chaque jour	
Il fait beau.	*The weather is good.*
Il fait un temps super.	*the weather is great.*
Il fait du soleil.	*It is sunny.*
Il fait chaud.	*It is warm.*
Il fait trop chaud.	*It is too warm.*
Il fait si beau.	*It is such good weather.*
Le soleil brille du matin au soir.	*The sun is shining from morning to night.*
Quel beau temps !	*What great weather!*
Pas un nuage dans le ciel !	*Not a cloud in the sky!*
Il fait froid.	*It is cold.*
Il fait mauvais.	*The weather is bad.*
Il pleut.	*It is raining.*

Weather phrases (past tense)

hier	*yesterday*
hier matin	*yesterday morning*
hier après-midi	*yesterday afternoon*
hier soir	*yesterday evening*
Il faisait si beau.	*It was so fine.*
Il faisait soleil tous les jours.	*It was sunny every day.*
Comme il faisait beau !	*What great weather it was!*
Le soleil brillait du matin au soir.	*It was sunny from morning to night.*
Heureusement, il n'a pas plu.	*Luckily, it did not rain.*
Malheureusement, il a plu hier.	*Unfortunately, it rained yesterday.*
Il a plu tous les jours.	*It rained every day.*
Il pleuvait.	*It was raining.*
Il neigeait.	*It was snowing.*
Il faisait froid.	*It was cold.*
Il faisait mauvais.	*The weather was bad.*

cent quatre-vingt-six

Asking questions

Quel temps fait-il en France ?	*What's the weather like in France?*
Est-ce qu'il fait beau ?	*Is the weather good?*
Est-ce qu'il pleut ?	*Is it raining?*

What you did on holiday/last weekend

pendant mes vacances	*during my holidays*
J'ai fait de la natation.	*I swam/I went swimming.*
de la voile.	*I went sailing.*
de la planche à voile.	*wind surfing.*
des promenades à vélo.	*on bicycle trips.*
des promenades en bateau.	*on boat trips.*
des promenades en voiture.	*on car trips.*
des excursions en car.	*on coach outings.*
du vélo tout terrain (du VTT).	*mountain biking.*
J'ai pêché.	*I went fishing.*
J'ai joué au tennis.	*I played tennis.*
au volley.	*volleyball.*
au foot.	*football.*
au ping-pong.	*table tennis.*
aux boules.	*bowling.*
Je me suis fait bronzer sur la plage.	*I sunbathed on the beach.*
J'ai vu des monuments superbes.	*I saw some great monuments.*
J'ai vu des monuments intéressants.	*I saw some interesting monuments.*
Je suis allé(e)* en ville.	*I went into town.*
Le soir, je suis allé(e)* au restaurant.	*In the evenings, I went to the restaurant.*
Je suis allé(e)* en randonnée dans les montagnes.	*I went on a hike in the mountains.*
J'ai visité un village dans les montagnes avec de petites rues et une rivière.	*I visited a village in the mountains with little streets and a river.*
J'ai acheté un blouson en cuir noir sur le marché.	*I bought a black leather jacket at the market.*
J'ai rencontré un garçon.	*I met a boy.*
J'ai rencontré une fille.	*I met a girl.*

*Add an extra '-**e**' if you are a girl writing the letter, e.g. 'Je suis allé**e**'.

written expression

cent quatre-vingt-sept

What you did on holiday/last weekend (*cont.*)

Il est sympa/Il est aimable.	He is nice/He is kind.
Elle est sympa/Elle est aimable.	She is nice/She is kind.
Le week-end dernier, je suis allé(e)* …	Last weekend I went …
en ville.	to town.
au cinéma.	to the cinema.
chez mon ami.	to my friend's house. (male)
chez mon amie.	to my friend's house. (female)

What you did for your birthday

J'ai fêté mon anniversaire la semaine dernière.	I celebrated my birthday last week.
J'ai fait une fête à la maison avec tous mes amis.	I had a party in the house with all my friends.
On m'a offert de beaux cadeaux.	I got some nice presents.
Mes parents m'ont offert …	My parents gave me …
de l'argent.	some money.
des chaussures.	shoes.
des baskets.	runners.
un portable.	a mobile phone.
un lecteur CD.	a CD player.
Nous avons dansé après avoir mangé des pizzas.	We danced after eating pizza.
Je suis allé(e) au cinéma avec la bande.	I went to the cinema with the gang.
J'ai vu le dernier film de Brad Pitt.	I saw the latest Brad Pitt film.
C'était un très bon film.	It was a really good film.
J'ai reçu le dernier roman de …	I received the latest novel by …
Le roman est super.	The novel is great.

Asking questions

Comment est-ce que tu fêtes ton anniversaire ?	How do you celebrate your birthday?
Qu'est-ce que tu reçois comme cadeaux ?	What kind of presents do you get?
Tu sors avec tes amis ?	Do you go out with your friends?
Tu sors avec ta famille ?	Do you go out with your family?

cent quatre-vingt-huit

School news

Je vais à une école mixte.	*I go to a mixed school.*
Je suis dans une école de garçons/filles.	*I am in a boys'/girls' school.*
Je dois porter un uniforme scolaire.	*I have to wear a school uniform.*
Je porte une jupe.	*I wear a skirt.*
un pantalon.	*trousers.*
une chemise.	*a shirt.*
un pull.	*a jumper.*
Tout se passe bien en ce moment.	*Everything is going well at the moment.*
Je suis très occupé.	*I'm very busy. (male)*
Je suis très occupée.	*I'm very busy. (female)*
Je passe mes examens blancs.	*I am doing my mock exams.*
Je fais des révisions.	*I'm doing revision.*
Je suis en troisième.	*I am in Third year.*
Je travaille d'arrache-pied.	*I'm working really hard.*
Je suis fort en maths.	*I'm good at maths. (male)*
Je suis forte en maths.	*I'm good at maths. (female)*
Je suis nul en sciences.	*I'm no good at science. (male)*
Je suis nulle en sciences.	*I'm no good at science. (female)*
Je passe mes examens en juin.	*I am doing my exams in June.*
Je passe mon Brevet cette année.	*I am sitting/doing my Junior Cert this year.*
J'ai passé une épreuve de maths.	*I sat/I had a maths test.*
C'était vraiment difficile.	*It was really difficult.*
facile.	*easy.*
assez facile.	*quite easy.*
J'ai une épreuve de français demain.	*I have a French test tomorrow.*
Nous avons une épreuve la semaine prochaine/demain	*We have a test next week/tomorrow.*
J'étudie huit matières pour mon Brevet.	*I am studying eight subjects for my Junior Cert.*
J'aime …	*I like …*
Je n'aime pas …	*I don't like …*
Je préfère …	*I prefer …*
Mon prof de maths/d'histoire/d'anglais est malade en ce moment.	*My maths/history/English teacher is sick at the moment.*

School news (cont.)

Il y a un nouveau professeur de français.	There is a new French teacher.
Il est stricte/Elle est stricte.	He is strict/She is strict.
Il nous donne beaucoup de devoirs.	He gives us lots of homework.
Elle nous donne beaucoup de devoirs.	She gives us lots of homework.
Il y a un nouvel élève …	There is a new pupil (boy) …
Il y a une nouvelle élève …	There is a new pupil (girl) …
dans notre classe.	in our class.
Il est …	He is …
Elle est …	She is …
sympa/timide/cool.	nice/shy/cool.
L'école française est si grande !	The French school is so big.
Le lycée est si moderne !	The French secondary school is so modern.
Les élèves ne portent pas d'uniforme.	The students don't wear a uniform.

Asking questions

Comment est ton école/collège ?	What is your school like?
Quelle est ta matière préférée ?	What is your favourite subject?
Ton collège est moderne ?	Is your school modern?
Tu étudies combien de matières ?	How many subjects do you study?
Combien de matières étudies-tu ?	How many subjects do you study?
Comment sont tes profs ?	What are your teachers like?

cent quatre-vingt-dix

Invitation to your penfriend

Je t'invite à passer une semaine/ deux semaines/un mois/chez nous.	I'm inviting you to spend one week/ two weeks/one month/in our house.
Ça te dit de venir en Irlande cet été ?	How about coming to Ireland this summer?
Voudrais-tu venir nous rendre visite ?	Would you like to come and visit us?
Aimerais-tu passer un séjour chez nous ?	Would you like to come to stay in our house?
Nous pourrions aller en ville.	We could go to town.
aller à la plage.	go to the beach.
aller à la campagne.	go to the country.
aller à un concert de musique.	go to a concert.
jouer au tennis.	play tennis.
jouer au football gaélique.	play gaelic football.
Tu pourrais prendre l'avion.	You could take the plane.
Tu pourrais arriver à l'aéroport de Dublin/Cork.	You could arrive in Dublin/Cork Airport.
Nous pourrions te retrouver à l'aéroport.	We could meet you at the airport.

Accepting an invitation

J'accepte ta gentille invitation.	I accept your kind invitation.
Je suis ravi (ravie*) d'accepter ton invitation.	I am delighted to accept your invitation.
Je serais ravi (ravie*) d'accepter ton invitation.	I would be delighted to accept your invitation.
Ça me ferait de plaisir de venir en France.	I would be pleased to come to France.
J'aimerais beaucoup passer deux semaines chez vous.	I would love to spend two weeks in your house.
J'espère venir le vingt juillet.	I hope to come on 20 July.
Je compte arriver le trente juin.	I should arrive on 30 June.
Je prendrai l'avion de … à …	I will get the plane from … to …
Je voudrais visiter le stade municipal.	I would love to visit the stadium.
le centre sportif.	the sports centre.
la plage.	the beach.
la ville/le marché.	the town/the market.
ton école/ton collège.	your school.

*This is how the word changes if you are a girl writing the letter.

written expression

cent quatre-vingt-onze

Refusing an invitation

Malheureusement, je ne peux pas venir.	Unfortunately, I can't come.
Je suis désolé/Je suis désolée.	I'm sorry/I'm sorry. (male/female)
Désolé (Désolée*), je ne peux pas accepter ton invitation.	Sorry, I can't accept your invitation.
J'ai trouvé un petit boulot pour l'été.	I have found a summer job.
Mon père/Ma mère est malade en ce moment.	My father/mother is sick at the moment.
Je n'ai pas assez d'argent.	I don't have enough money.
Je suis fauché (fauchée*).	I'm broke!
Puis-je venir à Noël/à Pâques ?	Can I come at Christmas/at Easter?
Puis-je venir à la mi-trimestre ?	Can I come during mid-term?
Est-ce qu'il serait possible de remettre la visite à plus tard ?	Would it be possible to postpone the visit?

*This is how the word changes if you are a girl writing the letter.

Future plans

Je pars en voyage scolaire ...	I am going on a school trip ...
en octobre/en février/en juillet.	in October/in February/in July.
à Pâques/cet été.	at Easter/this summer.
Je pars avec ma classe.	I am going with my class.
À Paris, nous logerons à l'hôtel.	In Paris we will stay in a hotel.
Nous visiterons tous les monuments.	We will visit all the monuments.
Nous allons voir la Tour Eiffel.	We are going to see the Eiffel Tower.
l'Arc de Triomphe	the Arc de Triomphe. (triumphal Arch)
les Champs-Élysées	the Champs-Elysées. (famous avenue in Paris)
Notre-Dame	Notre-Dame cathedral. (Our Lady)
le Centre Pompidou	The Pompidou Centre. (modern Art Gallery)
Je vais rendre visite à mes cousins.	I'm going to visit my cousins.
Je vais chez mes grands-parents.	I am going to visit my grandparents.
Je travaillerai au supermarché du coin.	I will be working in the local supermarket.
J'espère aller en Espagne ...	I hope to go to Spain ...
avec ma famille/avec mes cousins.	with my family/with my cousins.

Asking questions about the holidays

Tu as des projets pour l'été ?	*Have you any plans for the summer?*
Tu as des projets pour les vacances ?	*Have you any plans for the holidays?*
Tu vas en vacances avec ta famille ?	*Are you going on holiday with your family?*
Tu vas à l'étranger ?	*Are you going abroad?*
Est-ce que tu pars à l'étranger ?	*Are you going abroad?*
Tu vas encore à la campagne cet été ?	*Are you going to the country again this summer?*
Où vas-tu en vacances en août ?	*Where are you going on holiday in August?*
Quels sont tes projets pour les grandes vacances ?	*What are your plans for the summer holidays?*
Quand est-ce que tu pars en vacances ?	*When do you go on holiday?*
Est-ce que tu pars avec ta famille ?	*Are you going with your family?*
Est-ce que tu pars avec tes amis ?	*Are you going with your friends?*
Qu'est-ce que tu as prévu pour vos vacances ?	*What have you planned for your holidays?*

Finishing the letter

Dis bonjour de ma part à tes parents.	*Give my regards to your parents.*
Dis bonjour de ma part à tes amis, surtout à Sophie/Kévin.	*Give my regards to your friends, especially to Sophie/Kévin.*
Je dois te quitter, j'ai des devoirs à faire.	*I must go now, I have homework to do.*
Je dois te laisser maintenant.	*I have to leave you now.*
C'est tout pour le moment.	*That's all for now.*
N'oublie pas de m'écrire bientôt.	*Don't forget to write soon.*
J'ai hâte d'avoir de tes nouvelles.	*I am dying to hear your news.*
Écris-moi pour me donner toutes tes nouvelles.	*Write to me with all your news.*
J'espère te lire bientôt.	*I hope to hear from you soon.*
Écris-moi bientôt.	*Write soon.*
Amitiés/Amicalement.	*Kind regards/Best wishes.*
Grosses bises/Bisous.	*Kisses.*
Meilleures pensées/Meilleurs vœux.	*Best wishes.*
Amitiés/Cordialement.	*Regards.*

written expression

Practice Questions

Informal letter

Question 1

You are on a school exchange in France. You are staying with a French family and attending school. Write a **letter** to your penpal Manon who lives in another part of France. In your letter
- tell her about the journey from Ireland to France
- describe the French family you are staying with
- give some details about the French school
- ask what she is doing next weekend
- send your regards to her parents

Question 2

You have just returned home from a holiday with your French penfriend. Write a **letter** to him/her and include the following
- thank him/her and the family for your stay in France
- say what you liked most about your stay in France
- invite him/her to spend two weeks with you and your family next summer
- say some things you will do when he/she comes over
- tell him/her something about your new French teacher

Question 3

It is May and you are preparing for the Junior Certificate. You have a French penpal who lives in your twin town in Brittany. Write a **letter** to him/her in which you
- apologise for not writing sooner and explain why
- thank him/her for the invitation to spend a week in Rennes next summer
- tell him/her what you hope to do during your stay
- ask for news about the family
- say what you did during the Easter break

cent quatre-vingt-quatorze

Question 4

It is the month of January and you have just returned to school after the Christmas break. Your French friend Joël has sent you a Christmas present. Write a **letter** to Joël in which you
- thank him for the letter and the present
- say something you did during the Christmas holidays
- give him some news about your best friend
- tell him about your plans for your birthday
- ask him to come and visit you at the Easter break

Question 5

You are with your class on an exchange in France. You are staying with a French family and going to school with your French exchange partner. Write a **letter** to your penpal who lives in another part of France. In your letter
- say something about your journey to France
- say that you are staying with a French family and what they are like
- say something about going to a French school
- say that you will visit Paris next week
- tell about a funny or frightening incident that happened since you arrived

Question 6

It is the month of June and you have finished the Junior Certificate. Write a **letter** to your French penpal Clément in which you
- thank him for his last letter
- tell him something about the exams
- tell him about your plans for the summer
- ask him if he has a summer job
- give him some news about your family

Formal Letters

The formal letter may deal with applying for a summer job, booking hotel rooms or a campsite accomodation, asking a tourist office for information.

The formal letter has come up on the Higher Level paper since 2005, but not every year. So far, it has been a choice on the paper so pupils could still do the informal letter. In the future, the formal letter alone may come up on the paper so Higher Level pupils should learn how to write a formal letter.

It is unlikely that a formal letter would appear on the Ordinary Level paper. There has never been a formal letter on the Ordinary Level paper.

The layout of the formal letter is very important.

Aoife Moore
10, the Park
Bunclody
Co. Wexford
IRLANDE

Madame Dupont
Hôtel Matignon
35150 RENNES
FRANCE

Bunclody, le 5 mars

Madame,

Remember …

1. You must write **two** addresses:
   (a) Your address goes at the top **left-hand side** of the page. You will be given the address on the paper.
   (b) The address of the French person goes at the top **right-hand side**. The French address will be given on the paper.
2. The **place** (the Irish town) and **date** are also written at the **right-hand side**.
3. Begin the letter with '**Madame/Monsieur**'. Never use '**Cher/Chère**' in a formal letter.
4. The ending must be learnt off by heart and used to obtain maximum marks:
   Veuillez agréer, Madame/Monsieur, l'expression de mes sentiments respectueux. *Or:*
   Veuillez agréer Madame/Monsieur l'expression de mes sentiments distingués. *Or:*
   Je vous prie d'agréer, Madame/Monsieur, mes sincères salutations.
5. Sign your name at the end of the letter.
6. Always use '**vous**' for 'you' – **never** use '**tu**' in a formal letter, e.g. 'Je **vous** écris' = I am writing to you.
7. Use '**votre**' for 'your' when it is single, e.g. '**votre** hôtel' = your hotel.
8. Use '**vos**' for 'your' when it is plural, e.g. '**vos** chambres' = your rooms.

cent quatre-vingt-seize

Applying for a summer job

Ayant lu votre annonce dans le journal …	Having read your ad in the paper …
sur Internet …	on the internet …
Je voudrais poser ma candidature pour …	I would like to apply for …
le poste de serveur.	the position of waiter.
le poste de serveuse.	the position of waitress.
le poste de vendeur.	the position of salesperson. (male)
le poste de vendeuse.	the position of salesperson. (female)
le poste d'au pair.	the position of au pair.
Je voudrais poser ma candidature pour le poste dans votre hôtel/ votre restaurant.	I would like to apply for the job in your hotel/your restaurant.

Details about yourself

Je m'appelle …	My name is …
J'ai … ans.	I am … years of age.
Je parle bien français.	I speak French well.
Je parle couramment anglais.	I speak fluent English.
Je suis très intéressé par le poste.	I'm very interested in the post. (male)
Je suis très intéressée par le poste.	I'm very interested in the post. (female)
J'ai déjà travaillé comme …	I have already worked as a …
serveur/serveuse.	waiter/waitress.
vendeur.	salesperson. (male)
vendeuse.	salesperson. (female)

Details of previous work

L'année dernière, j'ai travaillé …	Last year I worked …
dans un restaurant du coin.	in a local restaurant.
dans un supermarché du coin.	in a local supermarket.
en ville.	in town.
J'ai gardé des enfants …	I minded children …
pour ma tante.	for my aunt.
pour mes voisins.	for my neighbours.
Le travail m'a beaucoup plu.	I really enjoyed the work.
J'aimais ce genre du travail.	I liked this type of work.

written expression

197

cent quatre-vingt-dix-sept

Why you wish to spend time in France/when you are available/CV

Je voudrais travailler en France.	I would like to work in France.
J'aime la culture française.	I like French culture.
Je voudrais améliorer mon français.	I would like to improve my French.
Je serai disponible du premier au trente.*	I will be available from the first to the thirtieth.
Veuillez trouver ci-jointe …	Please find enclosed …
une lettre de mon Directeur.	a letter from my Principal. (male)
une lettre de ma Directrice.	a letter from my Principal. (female)
mon CV.	my CV.

Asking for information about the hotel/restaurant/family/children

Pourriez-vous me donner des renseignements …	Could you give me some information …
au sujet de l'hôtel ?	about the hotel?
au sujet du restaurant ?	about the restaurant?
au sujet de la famille ?	about the family?
au sujet des enfants ?	about the children?

*'**du**' + date = **from** the date, e.g. '**du** cinq' = **from** the fifth.
'**au**' + date = **to** the date, e.g. '**au** dix' = **to** the tenth.

Booking hotel rooms/campsite/youth hostel

un hôtel	a hotel
un terrain de camping	a campsite
une auberge de jeunesse	a youth hostel
Je vous écris de la part de ma famille.	I am writing on behalf of my family.
de mes parents.	of my parents.
Nous allons en France cet été.	We are going to France this summer.
Ma famille a l'intention de …	My family intends to …
Mes amis et moi avons l'intention de …	My friends and I intend to …

cent quatre-vingt-dix-huit

Hotel

Je voudrais réserver …	*I would like to book …*
une chambre	*one room*
deux chambres	*two rooms*
Nous voudrions une chambre double.	*We would like a double room.*
une chambre à deux lits	*a twin room*
avec douche	*with a shower*
avec salle de bains	*with bathroom*
pour cinq jours/deux semaines	*for five days/two weeks*
Nous avons l'intention de passer …	*We intend to spend …*
un week-end	*a weekend*
une semaine	*one week*
une quinzaine	*a fortnight*
du … au …	*from … to …*
dans votre hôtel.	*in your hotel.*
Nous arrivons le …	*We are arriving on the …*
Nous aimerions séjourner en pension complète/demi-pension.	*We would like full board/half board.*

Asking questions

Est-ce-que le petit déjeuner est compris ?	*Is breakfast included?*
Y a-t-il une piscine à l'hôtel ?	*Is there a pool in the hotel?*
Pourriez-vous m'envoyer vos tarifs ?	*Could you send me your rates?*

Campsite

Nous voudrions réserver un emplacement.	*We would like to book a site.*
Nous voudrions un emplacement à l'ombre.	*We would like a site in the shade.*
Nous avons une tente.	*We have a tent.*
une caravane	*a caravan*
une voiture	*a car*
Il y a une piscine au camping ?	*Is there a pool on the campsite?*
Il y a des distractions pour les jeunes ?	*Are there facilities for young people?*

written expression

199

cent quatre-vingt-dix-neuf

Youth hostel

Je voudrais réserver deux lits dans votre auberge de jeunesse.	I would like to book two beds in your youth hostel.
Pourriez-vous m'indiquer le prix de mon séjour ?	Could you let me know the cost of my stay?
Y a-t-il des sites touristiques dans les environs ?	Are there tourist attractions nearby?

Tourist office

l'Office du Tourisme / le Syndicat d'Initiative	tourist office
Je vous écris pour vous demander …	I am writing to ask you for …
des renseignements.	information.
des brochures.	brochures.
un plan/une carte.	a map.
Je prépare un dossier sur la France pour mon cours de français.	I am doing a project on France for my French class.
Je prépare un dossier au sujet de …	I am preparing a project on …
votre ville.	your town.
votre région.	your area.
les sites touristiques.	tourist sites.
Je vous serais reconnaissant …	I would be grateful … (male)
Je vous serais reconnaissante …	I would be grateful … (female)
si vous pouviez	if you could
m'envoyer …	send me …
me faire savoir …	let me know …
me donner …	give me …
Pourriez-vous m'envoyer des brochures …	Could you send me some brochures …
sur la région ?	about the area?
sur la ville ?	about the town?

200

deux cents

Pourriez-vous m'envoyer des renseignements par e-mail/ par courriel/par mél ?	Could you send me some information by e-mail?
Pourriez-vous m'envoyer …	Could you send me …
des dépliants/des brochures ?	some leaflets/some brochures?
un plan de la ville ?	a map of the town?
un plan de la région ?	a map of the région?
une liste des hôtels de la région ?	a list of hotels in the region/area?
par courrier ?	by post?
Quels sont les sites touristiques de la région ?	What are the tourist attractions in the area?

A stay in a French school

Madame la Directrice	The Principal (female)
Monsieur le Directeur	The Principal (male)
Je voudrais passer un mois dans votre école.	I would like to spend a month in your school.
Je vous écris pour vous demander la permission.	I am writing to ask you permission.
Je veux perfectionner mon français.	I want to perfect my French.
Je veux améliorer mon français.	I want to improve my French.
Je suis en troisième année.	I am in Third Year.
Je suis sérieux et appliqué.	I am reliable and hard-working. (male)
sérieuse et appliquée.	reliable and hard-working. (female)
J'étudie le français au niveau ordinaire.	I study Ordinary Level French.
au niveau supérieur.	Higher Level French.
J'espère que vous pourrez me recevoir.	I hope you can host me.

Asking questions

Pourriez-vous me dire le nombre d'étudiants ?	Could you tell me the number of students?
Est-ce qu'il y a une cantine ?	Is there a canteen?
On doit porter un uniforme scolaire ?	Does one have to wear a uniform?

written expression

201

deux cent un

Practice Questions

Formal letter

Question 1

Your name is Martin/Martina O'Neill. Your address is 20 Beachdale, Kilcoole, Wicklow. You wish to spend some time working in a hotel in Paris during the summer holidays.

Write a **formal letter** to the Manager (M. or Mme Sibille, Hôtel de la Paix, 10 Rue de la Paix, 75000 Paris, France) in which you
- give details about yourself
- say why you wish to spend the summer working in France
- give details of your experience of hotel work
- ask for some information about the hotel

Question 2

Your name is Séan/Shauna O'Leary and your address is 12, Downside, Enniscorthy, Co. Wexford, Ireland. Your teacher has given you the name of the French family with whom you are going to stay on a school exchange. Write a **formal letter** to the family M. et Mme Réaubourg, 125 Rue Pottier, Cleunay, 35000 Rennes, France. In the letter
- say that your teacher has given you their name
- say that you will be staying with them in July
- tell them about yourself
- ask for some information about the area
- say you are looking forward to your visit

Question 3

You are doing a project on Paris and you are looking for information. Your name is Aidan/Aoife Moore and your address is Southfields, Church Street, Navan, Co. Meath, Ireland. Write a **formal letter** to Office du Tourisme, 50 Champs Elysées, 75341 Paris, France. In your letter
- explain that you are doing a project on Paris in school
- say what year you are in at school
- ask for some brochures about Paris
- ask for some information about the monuments in Paris

Question 4

Your name is Robert/Ruth Armstrong and your address is 10, St. Kevin's road, Galway. You want to book hotel accommodation in a French hotel in Grenoble for your family.

Write a **formal letter** to the owner of the hotel (M. *or* Mme Lenoir, Hôtel Beauvais, 23 Rue Gay Lussac, 38000 Grenoble, France) in which you
- say that you want to book two double rooms for 5 days in spring
- say that you and your parents will arrive on 10 April 2012
- ask if breakfast is included in the price
- say that a friend stayed in the hotel and was very happy
- ask them if they could send you a map of Grenoble

Question 5

You are going to France with your family this summer. Your name is Jack/Joanne Ronayne and your address is 76, The Downs, Carlow, Ireland.

Write a **formal letter** to the campsite (La Sirène, Rue Victor Hugo, 66000 Perpignan, France) in which you
- give details about your family
- say you want to book a site for two weeks in August, giving the dates
- say you have a car and a caravan
- ask what facilities there are for young people on the site
- ask for details of the cost of your stay

written expression

deux cent trois

Postcards

A feature of the examination paper is to write a postcard or note.

Higher Level students have no choice: depending on what the exam paper demands, the student will have to do a postcard or note.

The postcard has three tasks and is worth 30 marks.

Ordinary Level students can **choose** between a postcard and a note.

Usually you write about who you are with, where you are staying, the weather, what you are doing, something you did, what you are going to do the following day, if you are enjoying yourself, what you eat, asking for news.

Remember …

1. You can write the **name of the town/village** where you are staying on holiday at the top right-hand side. Write the **date** beside the name of the town.
2. Make sure you answer all **three tasks** in order to gain maximum marks.
3. Have an **ending** and **sign** your name. This will earn marks.
4. Learn a range of **phrases** to use for writing a postcard. This is not a long list, as the tasks are fairly predictable.
5. Decide what **tense** you need for each task.

Nice, le 14 juillet

Salut Marie,

À bientôt

Caoimhe

204

deux cent quatre

Opening phrases

Salut Julie, Salut Marc, …	Hi Julie, Hi Marc, …
Salut à tous !	Hi all!
Salut tout le monde.	Hi everyone.
Cher Nicolas, …	Dear Nicolas, …
Chère Marine, …	Dear Marine, …
Un grand bonjour de Rennes !	A big hello from Rennes.
Salutations de Paris.	Greetings from Paris.
Me voici à* Nice.	Here I am in Nice.
Me voici en France.	Here I am in France.
Nous voici à* Dijon.	Here we are in Dijon.

*Use '**à**' for a town or city, e.g. '**à** Dublin' = in Dublin.
('Londres' is the translation for 'London'.)

Use '**en**' for a country, e.g. '**en** Italie,' '**en** Espagne'
(except when the country is masculine,
e.g. '**au** Canada/**au** Portugal').

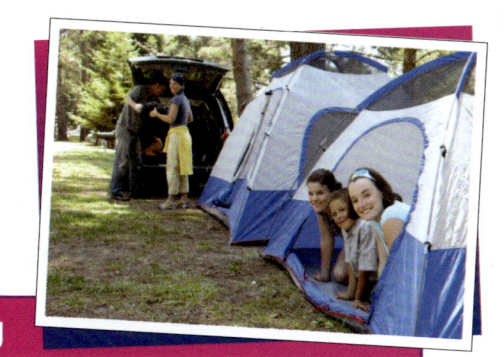

Who you are with/Where you are staying

Me voici avec ma famille.	Here I am with my family.
Je suis ici avec mes parents et ma sœur.	I am here with my parents and my sister.
Je suis ici avec ma famille et mon ami(e).	I am here with my family and my friend.
Nous sommes au terrain de camping.	We are at a campsite.
Nous séjournons à un hôtel.	We are staying in a hotel.
L'hôtel est agréable.	The hotel is pleasant/lovely.
Nous avons loué un appartement.	We have rented an apartment.
Nous sommes au bord de la mer.	We are by the sea.
Nous sommes dans les montagnes.	We are in the mountains.
Il y a tant de choses à faire et à voir ici.	There is lots to do and see here.
Je m'amuse bien.	I'm enjoying myself.
On s'amuse bien.	We are enjoying ourselves.
Nous nous amusons bien.	We are enjoying ourselves.

written expression

deux cent cinq

When you arrived

Nous sommes arrivés hier.	We arrived yesterday.
Je suis arrivé il y a une semaine.	I arrived a week ago. (male)
Je suis arrivée il y a une semaine.	I arrived a week ago. (female)
il y a trois jours.	three days ago.
Je reste une semaine.	I am staying for a week.

Weather

Comme il fait beau ici !	How nice the weather is here!
Comme il fait chaud !	How warm it is!
Il fait soleil tous les jours.	It is sunny every day.
Il fait 30 degrés.	It is 30 degrees.
J'adore le beau temps ici.	I love the good weather here.
Le soleil tape fort !	The sun is melting the stones!
Rien que du soleil.	Nothing but sunshine.
C'est nuageux.	It is cloudy.
Il y a des averses.	There are showers.
Il fait assez froid.	It is quite cold.
Il fait un peu froid.	It is a bit cold.
Il ne fait pas beau.	The weather is not good.
Il pleut.	It is raining.
Il pleut des cordes.	It is pouring rain.

*See page 186 for more weather phrases and past-tense phrases.

deux cent six

Activities – what you are doing

Je me fais bronzer à la plage.	I am getting a tan on the beach.
à la piscine.	at the pool
Je prends un bain de soleil.	I am sunbathing.
Je vais à la plage le matin.	I go to the beach in the morning.
tous les jours	every day
Je passe des heures entières à la plage.	I spend hours on the beach.
Je joue au foot.	I play soccer.
Nous jouons au foot.	We play soccer.
Je fais de la planche à voile.	I go windsurfing.
de la natation.	swimming.
de la voile.	sailing.
du ski nautique.	water skiing.

What you are going to do

demain matin	tomorrow morning
après-midi	afternoon
soir	evening
mardi prochain	next Tuesday
Demain, je jouerai au foot …	Tomorrow I'll play soccer …
sur le terrain de camping.	on the campsite.
sur la plage.	on the beach.
Demain, je ferai de la planche à voile.	Tomorrow I will go windsurfing.
Demain, j'irai au marché acheter des cadeaux.	Tomorrow I will go to the market to buy some presents.
Demain, nous irons en ville.	Tomorrow we are going to town.

written expression

deux cent sept

What you did

hier	*yesterday*
hier matin	*yesterday morning*
après-midi	*afternoon*
soir	*evening/last night*
Hier, je t'ai acheté un cadeau.	*Yesterday I bought you a present.*
Je suis allé en ville.	*I went to town. (male)*
Je suis allée en ville.	*I went to town. (female)*
Je suis sorti …	*I went out … (male)*
Je suis sortie …	*I went out … (female)*
avec mes amis.	*with my friends. (male **or** male and female)*
avec mes amies.	*with my friends. (female)*
J'ai envoyé un SMS/un texto à Karim.	*I sent a text to Karim.*
J'ai envoyé un e-mail/un courriel.	*I sent an e-mail.*
J'ai joué au foot.	*I played football.*
J'ai fait de la planche à voile.	*I did some windsurfing.*
J'ai fait de la natation.	*I went swimming.*
de la voile.	*sailing.*
du ski nautique.	*water-skiing.*
Hier, nous sommes allés …	*Yesterday we went …*
au musée.	*to the museum.*
au château.	*to the castle.*
au centre commercial.	*to the shopping centre.*
en ville.	*to town.*
aux magasins.	*to the shops.*
Hier, nous avons dîné dans un bon restaurant au port.	*Yesterday we ate/had dinner in a nice restaurant at the harbour.*
Hier, nous avons pique-niqué à la plage.	*Yesterday we had a picnic on the beach.*
J'ai passé trois heures à la plage hier.	*I spent three hours on the beach yesterday.*
J'ai rencontré un garçon à la plage.	*I met a boy on the beach.*
J'ai rencontré une fille à la plage.	*I met a girl on the beach.*
Nous avons bavardé.	*We chatted.*
J'ai fait du ski hier.	*I went skiing yesterday.*

deux cent huit

Je suis tombé …	I fell … (male)
Je suis tombée …	I fell … (female)
dans la neige.	in the snow.
La piste était glissante.	The ski slope was slippy.
Il y avait beaucoup de monde.	There were lots of people.

Food/Eating

J'adore la cuisine française.	I love French food.
J'aime surtout les salades ici.	I especially like the salads here.
Je mange dans les restaurants du quartier.	I am eating in local restaurants.
La cuisine ici donne l'eau à la bouche.	The food here makes your mouth water.
Nous mangeons bien ici.	We are eating well here.
Il y a des plats à emporter au camping.	There is a take-away at the campsite.
On peut acheter des plats à emporter.	You can buy take-away meals.
J'adore le poulet.	I love chicken.
le steak-frites.	steak and chips.
le fromage français.	French cheese.
les gâteaux.	the cakes.
les glaces.	the ice-creams.
les crêpes.	the pancakes.
La nourriture française est très différente.	French food is very different.
La nourriture française est très bonne.	French food is very good.
Nous faisons des barbecues/des grillades.	We have barbecues.
Nous aidons à faire la cuisine.	We help with the cooking.
J'aime la nourriture, surtout …	I love the food, especially …
les glaces.	the ice-creams.
les salades.	the salads.
La nourriture ici me plaît beaucoup.	I really like the food here.
Je vais au marché.	I go to the market.
Nous allons au marché …	We go to the market …
acheter des fruits frais.	to buy fresh fruit.
acheter des légumes frais.	to buy fresh vegetables.
Nous mangeons dans des restaurants le soir.	We eat in restaurants in the evenings.

Asking for news

Comment va toute la famille ?	*How is all the family?*
Comment vas-tu ?	*How are you?*
Est-ce que tu vas bien ?	*Are you well?*
Envoie-moi un SMS/message/un texto.	*Send me a text.*
Écris-moi bientôt.	*Write soon.*
Fais-moi savoir comment tu vas.	*Let me know how you are.*
Donne-moi de tes nouvelles.	*Tell me your news.*
Raconte-moi comment va toute la bande.	*Tell me how all the gang is.*
J'espère que tu vas bien.	*I hope you are well.*
J'espère que tes parents vont bien.	*I hope your parents are well.*
Est-ce que tu passes de bonnes vacances ?	*Are you enjoying your holidays?*

Ending the postcard

Je serai de retour lundi prochain.	*I will be home next Monday.*
Je te verrai ce week-end.	*I will see you this weekend.*
Je suis impatient(e) de te revoir.	*I can't wait to see you again.*
J'ai hâte de te revoir.	*I can't wait to see you again.*
Il me tarde de te revoir.	*I can't wait to see you again.*
Il me tarde d'avoir de tes nouvelles.	*I can't wait to hear your news.*
Je rentre le week-end prochain.	*I am coming home next weekend.*
À bientôt.	*See you soon.*
Amitiés/Amicalement.	*Best wishes/Yours.*
À vendredi/À dimanche.	*Until Friday/Sunday.*
Grosses bises/Bisous.	*Kisses.*

deux cent dix

Practice Questions

Postcards

Question 1

You are on holiday with your family in Spain. Write a **postcard** to your French penpal, Romain. In your card, say
- when you arrived and where you are staying
- that you are enjoying yourself
- what you will be doing tomorrow

Question 2

You are on holiday in Galway with your family. Write a **postcard** to your French friend
- saying that you are staying in the countryside with your grandparents
- saying that the weather is cold
- saying one thing you are doing on the holiday

Question 3

You are spending the day at the seaside with your friends. You write a **postcard** to your French penpal
- say you are spending the day at the beach and what you are doing
- say you went to a nice restaurant for lunch
- ask him/her to write soon with news of his/her family

Question 4

You are on a school tour in Paris with your class. Write a **postcard** to your French penpal. In your card tell him/her
- where you are and who you are with
- that you went to a church yesterday
- that you will visit the Eiffel Tower on Friday

Question 5

You are on holiday in Skerries with your family. Write a **postcard** to your French friend and include the following
- the weather is bad but you are enjoying the holiday
- you are going to the cinema with your sister
- ask your friend to send an e-mail with news of his/her friends

Notes/Messages/E-mails

> 15h30
> Juste un petit mot* pour te dire que …

If there is no postcard, **Higher Level** pupils have to write a note/message; in other words, it will be **either a note or a postcard** as there is **no choice** on the Higher Level paper.

The **Ordinary Level** paper will have a **note and a postcard**; so you **may choose** one from the two choices given.

Remember …

1. **Put the time** at which you are writing the note at the top right-hand corner of the page, e.g. '15h30'.
2. **Do not write any address.**
3. Usually, the note is for your exchange partner/penfriend, so use 'tu' (*you*), 'ton, ta, tes' (*your, yours*), e.g. 'ta sœur/ton frère/tes amis'.
4. If you are writing to an adult, use 'Monsieur/Madame' and 'vous, votre, vos'.
5. Higher Level pupils are asked to do **three tasks**, Ordinary Level pupils will have **four tasks**. Don't leave anything out.

*'un petit mot' = *a note* (the French word 'note' means a 'mark' in an exam, e.g. 'une bonne note' = *a good mark*).

Phrases for informal notes/messages/e-mails/faxes

Opening phrases

Juste un petit mot pour te dire que …	Just a note to tell you that …
te faire savoir que …	to let you know that …
t'informer que …	to inform you that …
Je laisse ce petit mot pour te dire que mon ami/mon amie a téléphoné.	I am leaving this note to tell you that my friend phoned.

deux cent douze

Where you've gone

Je suis allé en ville.	I have gone to town. (male)
Je suis allée en ville.	I have gone to town. (female)
à la poste.	to the post office.
à la plage.	to the beach.
au cinéma.	to the cinema.
au marché.	to the market.
au parc.	to the park.
Je suis sorti faire une promenade …	I went out for a walk … (male)
Je suis sortie faire une promenade …	I went out for a walk … (female)
avec le chien.	with the dog.
Je suis sorti tôt pour aller en ville.	I went out early to go to town. (male)
Je suis sortie tôt pour aller en ville.	I went out early to go to town. (female)
J'ai attendu devant le café/le cinéma …	I waited in front of/outside the café/the cinema …
pendant trente minutes …	for thirty minutes …
pendant une demi-heure …	for half an hour …
et je suis vraiment déçu.	and I am really disappointed. (male)
et je suis vraiment déçue.	and I am really disappointed. (female)
Je suis passé chez toi …	I called to your house … (male)
Je suis passée chez toi …	I called to your house … (female)
mais tu n'étais pas là.	but you were not in.
J'ai sonné mais il n'y avait personne.	I rang but there was nobody there.
Il n'y avait pas de réponse.	There was no reply.

What you are doing

Je vais faire les magasins avec mes amis.	I am going shopping with my friends.
au café cet après-midi.	to the café this afternoon.
au café ce soir.	to the café this evening.
à la piscine avec la bande.	to the pool with the gang.
voir un film plus tard.	to see a film later.

You have your mobile with you

J'ai mon portable avec moi.	I have my mobile with me.

written expression

213

deux cent treize

What you will do

Je te téléphonerai plus tard/demain.	I will phone you later/tomorrow.
Je rappellerai ce soir.	I will ring back this evening.
Je passerai chez toi cet après-midi.	I will call by your house this afternoon.

Someone will call later

Il/Elle passera à la maison demain.	He/She wll call by the house tomorrow.
Il/Elle téléphonera plus tard.	He/She will phone later.
Il/Elle rappellera ce soir.	He/She will call back this evening.

Inviting someone to come along

Ça te dit de venir avec moi ?	How about coming along with me?
avec nous ?	with us?
Ça te dit de nous accompagner ?	How about coming along with us?
Ça te dirait de venir avec moi ?	Would you like to come along with me?
de venir avec nous ?	to come along with us?
Tu voudrais rencontrer mes amis en ville ?	Would you like to meet my friends in town?
Tu voudrais qu'on se retrouve en ville demain après-midi au café ?	Would you like to meet up in town tomorrow afternoon in the café?

Saying when you will be back

Je serai de retour à une heure.	I will be back at one o'clock.
dans une heure.	in an hour.
avant le petit déjeuner.	before breakfast.
avant le déjeuner.	before lunch.
avant le dîner.	before dinner.
après le déjeuner.	after lunch.
après le dîner.	after dinner.
Je rentrerai vers midi.	I will be back around midday.
Je ne vais pas tarder.	I won't be long.

deux cent quatorze

Endings

À tout à l'heure.	*See you later.*
À plus tard.	*See you later.*
À bientôt.	*See you soon.*
À ce soir.	*See you this evening.*
À demain.	*See you tomorrow.*
À samedi.	*See you on Saturday.*
À six heures.	*See you at six o'clock.*

Phrases for formal notes/messages/e-mails/faxes

'**Vous**' is used when writing to an adult, e.g. 'Madame' or 'Monsieur'.

Opening phrases

Je vous laisse ce petit mot pour vous dire …	*I am leaving you this note to tell you …*
que Madame Ricard est passée.	*that Mme Ricard called.*
que l'électricien est passé à la maison.	*that the electrician called to the house.*
que Mathieu m'a téléphoné(e).	*that Mathieu phoned me.*
que Mathieu m'a invité(e).	*that Mathieu invited me.*
Juste un petit mot pour vous faire savoir …	*Just a note to let you know …*
que je suis sorti.	*that I have gone out. (male)*
que je suis sortie.	*that I have gone out. (female)*
Juste un petit mot pour vous informer …	*Just a note to inform you …*
que je suis allé …	*that I have gone … (male)*
que je suis allée …	*that I have gone … (female)*
en ville en bus.	*to town on the bus.*
Je vous écris ce petit mot …	*I am writing you this note …*
pour vous dire que je suis vraiment désolé.	*to tell you that I am really sorry. (male)*
pour vous dire que je suis vraiment désolée.	*to tell you that I am really sorry. (female)*
Je vous écris pour vous présenter mes excuses parce que je n'ai pas fait mes devoirs.	*I am writing to you to apologise because I have not done my homework.*

written expression

deux cent quinze

Opening phrases (*cont.*)

Je suis rentré tard …	I arrived home late … (male)
Je suis rentrée tard …	I arrived home late … (female)
après un match de basket.	after a basketball match.
Je ferai mes devoirs ce soir.	I will do my homework this evening.
Je vous envoie cet e-mail/ce courriel …	I am sending you this e-mail …
pour vous informer que …	to inform you that …
j'arriverai lundi à dix heures.	I will arrive at 10 o'clock on Monday.
J'envoie cette télécopie pour confirmer la réservation.	I am sending this fax to confirm the booking.

Ending the formal note/message/e-mail/fax

Je serai de retour avant le déjeuner/le dîner.	I will be back before lunch/dinner.
Je serai de retour après le déjeuner/le dîner.	I will be back after lunch/dinner.
Je rentrerai vers midi.	I will be back around midday.
Je ne vais pas tarder, je vous assure.	I won't delay, I assure you.
Je vous promets de rentrer pour le dîner comme prévu.	I promise I will return for dinner as agreed/planned.
Je vous contacterai la semaine prochaine.	I will contact you next week.
Cordialement.	Regards.
J'attends votre réponse.	I await your reply.
En attendant votre réponse.	Awaiting your reply.
Je vous prie d'accepter mes excuses.	Please accept my apologies.
Je vous prie d'accepter mes sentiments respectueux.	Yours faithfully.

Practice Questions

Notes/Messages/E-mails

Question 1

A French girl or boy you like is staying with a family who lives near you. You are organising a party for your birthday. Write a **note** in which you
- invite him/her to your house on Friday evening
- say that you have invited friends from school
- say that the party will end at ten thirty

Question 2

A French boy is staying in your house as part of a school exchange. One Saturday morning you have to go out early before he gets up. Leave a **note** for him. In your note say that
- you have gone to the library
- you will be back around twelve o'clock
- you are going to the swimming pool in the afternoon and ask him if he wants to come along

Question 3

You are working as an au pair for the Dupont family in Strasbourg. It is a sunny day and you have taken the children to the park. Leave a **note** for Mme Dupont. In your note say
- that it was too warm in the apartment
- that you went to the park with the children
- that you will be back at six o'clock

Question 4

You are taking part in a language exchange in France. One morning you leave the house early before the host family wakes up. Leave a **note** for Mme Leroy. In your note say
- that you left the house at seven this morning
- that you are going to visit a castle with the class
- that you will be back at dinner time

Question 5

You come to French class without your homework. You decide to write a **note** in French to your teacher to explain
- that you have no homework in class
- that you went to visit your grandmother in hospital
- that you will do the homework this evening

Question 6

You are staying with the Sibille family as part of a school exchange. You have arranged to meet your friends and you leave before the family is up. Leave a **note** for your exchange partner Damien. In your note
- tell him that you left the house at nine thirty
- say that you are going to the shopping centre with your friends
- invite him to go to the swimming pool with you this afternoon

To sum up the Written Expression

Tips for your exam

Beforehand
- **Look over** your **verbs** in the present tense, the past tense and the future tense.
- **Look over** your **written work** that has been corrected and learn some useful phrases.

On the day
- **Leave** the Written section until **after** the Reading section (you may be able to use some vocabulary/phrases from the articles).
- **Attempt** everything that is asked on the Higher Level paper with regard to the letter, even if you do not know all the vocabulary/phrases.
- **Choose** the five topics that you are best able to write about in the letter on the Ordinary Level paper. You will have eight to choose from.

deux cent dix-huit

grammar summary

About the Grammar Summary

There is no actual Grammar section on the Junior Certificate Examination, but you need to know some grammar rules to make sure what you **write** in the Written Expression section of the paper is correct. Your own textbook will have explanations and examples of all the points contained here in summary form. Always check your textbook, or ask your teacher, if you want further information on any point.

Remember, grammar rules are there to help you!
They point out **common patterns** which are recognisable when dealing with words or sentences.

So let these rules work to help you write better French!

Contents

1	Les articles (*articles*)	221
2	Les adjectifs (*adjectives*)	224
3	Les adverbes (*adverbs*)	229
4	Les noms (*nouns*)	232
5	Les verbes (*verbs*)	234
6	Les phrases négatives (*negative sentences*)	247
7	Les prépositions (*prepositions*)	249
8	Les pronoms (*pronouns*)	252
9	Poser des questions (*asking questions*)	258

1 Les articles (*articles*)

An article is generally placed **in front of a noun**. As in English, there are three types of articles:
- the **definite article (the)**
- the **indefinite article (a/an)**
- the **partitive article (some/any)**

1.1 L'article défini (*definite article*)

There are four forms of this article.
They are '**le**', '**la**', '**l**'' or '**les**'. They all mean '**the**'.

Which form will I use?

You must look at the noun which follows the article to decide which form to use.

masculine singular noun	feminine singular noun	masculine/feminine singular noun, beginning with a vowel*	all plural nouns
le	la	l'	les

** Don't forget that a lot of nouns which start with '**h**' in French are treated as a vowel (hôpital, hôtel).*

Examples: le père, la mère, l'enfant, l'herbe, les professeurs

Exercise 1

Write the **correct form** of the **definite article** '**le, la, l**'' or '**les**' in these sentences. Remember, they all translate as '**the**'.

1. _____ collège s'appelle St. John's.
2. _____ ville de Drogheda est historique.
3. _____ école a mille élèves !
4. _____ bibliothèque est près de chez moi.
5. _____ hôtel est confortable.
6. _____ examens sont difficiles.
7. _____ journée scolaire est longue.
8. _____ quartier est calme.
9. _____ abricots sont délicieux.
10. _____ parc d'attractions est super !

1.2 L'article indéfini (*indefinite article*)

There are three forms of this article.

They are '**un, une**' or '**des**'. '**Un/une**' mean '**a**' or '**an**'; '**des**' means '**some, some of**'.

Which form will I use?

You must look at the noun which follows the article to decide which form to use.

masculine singular noun	feminine singular noun	all plural nouns
un	une	des

Examples: un jardin, une voiture, des avions

Exercise 2

Write the **correct form** of the **indefinite article** '**un**, **une**' or '**des**' in these sentences.

1. J'habite dans _____ petit village.
2. Ma sœur a _____ voiture rouge.
3. J'ai _____ chien, qui s'appelle Harvey.
4. Nous avons _____ arbres dans le jardin.
5. Mon ami Antoine a _____ petit lapin.
6. Dans ma ville, il y a _____ commerces de toutes sortes.
7. Tu as _____ matière favorite ?
8. Il y a seulement _____ garçons dans mon école.
9. Mon père travaille dans _____ banque.
10. J'ai reçu _____ cadeaux pour mon anniversaire.

1.3 L'article partitif (*partitive article*)

When you want to say '**some**' or '**any**', you use the **partitive article** (*l'article partitif*), e.g. 'I'd like **some** water'; 'Have you **any** plans for the summer?'

- In English, we sometimes leave the partitive article out when we are speaking or writing, e.g. 'Have you plans for the summer?' 'I have brothers and sisters'.
- In French, you **must always include it**, e.g. 'Est-ce que tu as **des** projets pour l'été ?'
- There are **four forms** of this article and you must look at the word which follows it to decide which form to use.

Which form will I use?

masculine singular noun	feminine singular noun	masculine/feminine singular noun, beginning with a vowel/h*	all plural nouns
du	de la	de l'	des

* Don't forget that a lot of nouns which start with 'h' in French are treated as vowels, e.g. 'herbe, handball, hypermarché'.

Examples: Avez-vous **du** beurre ?   Nous buvons **de l'**eau.
Je voudrais **de la** confiture.   Mes lapins mangent **de l'**herbe.

▶ However, in a negative sentence all these articles become '**de**' (before a consonant) or '**d'**' (before a vowel).

Examples: Je ne prends pas **de** pain le matin.   Paul n'a pas **d'**argent.
Mon père n'a pas **de** voiture.   Julie n'a pas **de** frères.

Exercise 3

Write the **correct form** of the **partitive article** '**du**, **de la**, **de l'**, **des**, **de**' in these sentences.

1. Je travaille pour gagner _____ argent.
2. Tu voudrais _____ confiture ? Elle est délicieuse.
3. Mon frère mange _____ chocolat tout le temps.
4. Les Irlandais mangent souvent _____ pommes de terre.
5. Nous achetons _____ pain français.
6. Tu voudrais _____ frites ?
7. En Irlande, nous mangeons souvent _____ viande.
8. Vous pouvez me donner _____ renseignements sur les trains à Paris ?
9. Tu as _____ temps pour faire du sport ?
10. Mon chaton adore manger _____ herbe. C'est drôle, non ?
11. Mes grands-parents n'achètent pas _____ chips.
12. Je ne bois pas _____ eau quand j'ai soif.

deux cent vingt-trois

2 Les adjectifs (*adjectives*)

Adjectives are words used to describe people or things, e.g. 'the **long** journey'; 'the **little** girl'; 'the **brown** horse'.

- In French, all adjectives can be spelt in a number of ways. This depends on the **gender** (masculine or feminine) and **number** (singular or plural) of the noun they are describing.
- There are rules to help you decide on the spelling of the adjective. Always check first whether the word you are going to describe is **masculine** or **feminine**. Then see if it is **singular** or **plural**. Now you can decide which form you need.

> **Remember**
> The form you find in a dictionary or word list is the masculine singular form.

2.1 Rules for adjectives

General rule

Most adjectives follow this rule:

masculine singular	feminine singular	masculine plural	feminine plural
petit	petite	petits	petites

Exercise 4

Write the **correct form** of the **adjectives** given in brackets.

1. J'ai un (petit) _____ frère.
2. Ma copine Sara est plus (grand) _____ que moi.
3. J'ai les cheveux (blond) _____.
4. Julie est (bavard) _____.
5. Stéphanie a les yeux (gris) _____.
6. Les fleurs sont (joli) _____.
7. Le château est (intéressant) _____.
8. Ils sont (américain) _____.
9. Les montagnes au nord sont (haut) _____.
10. Il y a une piscine (énorme) _____ ici.

> **Remember**
> - If the adjective already ends in an '**-e**', you don't change the spelling to make it feminine.
>   ➤ *La lampe est jaune.*
> - If the adjective already ends in an '**-s**', you don't need to add another '-s' to make it plural.
>   ➤ *Les garçons sont irlandais.*

deux cent vingt-quatre

Adjectives which end in '-f'

masculine singular	feminine singular	masculine plural	feminine plural
actif (*active*)	active	actifs	actives
sportif (*sporty*)	sportive	sportifs	sportives
vif (*lively*)	vive	vifs	vives

Adjectives which end in '-er'

masculine singular	feminine singular	masculine plural	feminine plural
cher (*dear*)	chère	chers	chères
dernier (*last*)	dernière	derniers	dernières
étranger (*foreign*)	étrangère	étrangers	étrangères

Adjectives which end in '-eux'

masculine singular	feminine singular	masculine plural	feminine plural
courageux* (*brave*)	courageuse	courageux*	courageuses
dangereux* (*dangerous*)	dangereuse	dangereux*	dangereuses
heureux* (*happy*)	heureuse	heureux*	heureuses

Adjectives which end in '-x' in the masculine singular stay the same in the masculine plural.

Adjectives which double the final consonant

Some adjectives double the final consonant and add an '-e' to make their feminine form, for example:

ancien (*old*) ➤ ancienne | gentil (*kind*) ➤ gentille | moyen (*medium, average*) ➤ moyenne
bon (*good*) ➤ bonne | gras (*fat*) ➤ grasse | mignon (*cute/nice*) ➤ mignonne
cruel (*cruel*) ➤ cruelle | gros (*large*) ➤ grosse | nul (*useless*) ➤ nulle

masculine singular	feminine singular	masculine plural	feminine plural
bon	bonne	bons	bonnes
gentil	gentille	gentils	gentilles
gras	grasse	gras	grasses
nul	nulle	nuls	nulles

grammar summary

225

deux cent vingt-cinq

Irregular adjectives

There are a small number of adjectives which are irregular and which must be **learned**.

masculine singular	feminine singular	masculine plural	feminine plural
beau/bel* (*beautiful*)	belle	beaux	belles
blanc (*white*)	blanche	blancs	blanches
doux (*soft, gentle*)	douce	doux	douces
faux (*false/untrue*)	fausse	faux	fausses
favori (*favourite*)	favorite	favoris	favorites
frais (*fresh*)	fraîche	frais	fraîches
grec (*Greek*)	grecque	grecs	grecques
long (*long*)	longue	longs	longues
nouveau/nouvel* (*new*)	nouvelle	nouveaux	nouvelles
public (*public*)	publique	publics	publiques
roux (*reddish*)	rousse	roux	rousses
sec (*dry*)	sèche	secs	sèches
turc (*Turkish*)	turque	turcs	turques
vieux/vieil* (*old*)	vieille	vieux	vieilles

* This is a special form used before a masculine noun which begins with a vowel or silent '**h**'.

Examples: Mon oncle est un **vieil** homme.

Dans ma ville, il y a un **bel** hôtel.

J'ai fait la connaissance d'un **nouvel** ami.

Exercise 5

Write the **correct form** of the **adjectives** given in brackets.

1 Merci pour ta (dernier) _____ lettre.

2 Maryse est (nul) _____ en musique.

3 Mon frère a deux souris (blanc) _____.

4 Quelques animaux sont très (dangereux) _____.

5 Aisling est très (sportif) _____.

6 J'étudie une (nouveau) _____ matière cette année.

7 Mes parents étaient (heureux) _____ avec mes résultats.

8 Ma ville a une (vieux) _____ tour.

9 (Cher) _____ Julie.

10 Notre chien Harvey est très (actif) _____.

226

deux cent vingt-six

2.2 Where do I put the adjective?

Generally, in French adjectives are put immediately **after the noun** they are describing.

Examples: J'ai les **cheveux courts**.
Nous avons une **voiture verte**.

But the following adjectives are put **in front of the noun they are describing**:

beau	(beautiful/good-looking)	haut	(high)	mauvais	(bad, evil)	vaste	(huge, vast)
bon	(good)	jeune	(young)	méchant	(bold, nasty)	vieux	(old)
grand	(tall, big)	joli	(pretty)	nouveau	(new)	vilain	(naughty,
gros	(large)	long	(long)	petit	(small)		unpleasant)

Examples: Nous habitons une **petite maison** dans une **vieille ville**.
J'ai reçu de **bonnes notes**.

2.3 Les adjectifs possessifs (*possessive adjectives*)

When you want to say to whom something belongs, you use a possessive adjective, e.g. 'That's **my** school'; 'It's **his** house'; 'We visited **their** town'.

▶ In French, because these are adjectives, the spelling must change depending on the noun they are describing.
▶ Remember, the agreement is always with the noun which follows the possessive adjective.

Here are the forms you need:

	masculine singular	feminine before a vowel	feminine singular before a consonant	all plural
my	mon	mon	ma	mes
your	ton	ton	ta	tes
his/her/its*	son	son	sa	ses
our	notre	notre	notre	nos
your	votre	votre	votre	vos
their	leur	leur	leur	leurs

* Notice that '**son, sa, ses**' can mean '**his**', **her**' or '**its**'. The meaning is usually clear from the situation.

Examples: Merci mille fois pour **ta** carte et **ton** cadeau.
Nous rendrons visite à **nos** grands-parents.
Est-ce qu'ils aiment **leurs** profs ?
Paul adore **son** auto rouge.

deux cent vingt-sept

Exercise 6

Write the **correct form** of the **possessive adjective**.

1. Merci pour (*your*) _____ carte postale.
2. (*My*) _____ frère a six ans.
3. Rory adore (*his*) _____ chien.
4. Nous avons visité (*their*) _____ maison.
5. Où vas-tu passer (*your*) _____ vacances ?
6. (*My*) _____ parents sont sympa.
7. Meilleurs vœux à (*your*) _____ amis.
8. Nous commençons (*our*) _____ cours à neuf heures.

2.4 Les adjectifs démonstratifs (*demonstrative adjectives*)

A demonstrative adjective points out something in particular. In English, we say '**this** book'; '**that** match'; '**these** sports'; '**those** people'. Because they are adjectives there are different forms for these words in French, depending on what you are describing.

masculine singular before a consonant	masculine singular before a vowel/'h'	feminine singular	all plurals
ce	cet	cette	ces

Examples: J'achète **ce** roman.
Je n'aime pas **cet** hôtel.
Cette église est très ancienne.
Nous aimons **ces** émissions sportives.

Exercise 7

Choose the **correct form** of the **demonstrative adjective**.

1. J'adore _____ jupe rose.
2. Ma mère a fait _____ gâteaux.
3. Chris et Oisín connaissent bien _____ village.
4. _____ pain croustillant est mon pain favori.
5. Nous logeons dans _____ hôtel.
6. Veux-tu sortir _____ après-midi ?
7. Je te rencontrerai _____ soir.
8. Tu connais _____ joueurs ?

3 Les adverbes (*adverbs*)

Adverbs tell you more about how an action is done. They describe verbs, e.g. 'He writes **neatly**'; 'She talks **softly**'; 'The riders cycled **fast**'. In English, adverbs generally end in '**-ly**', but not all do. Adverbs are generally placed after the verb they describe.

3.1 Adverbs made from adjectives

In French, **many adverbs are made from adjectives.**

- If the masculine form of the adjective ends in a vowel, simply add '**-ment**':
absolu	➤	absolu**ment** (*absolutely*)	vrai	➤	vrai**ment** (*truly/really*)
facile	➤	facile**ment** (*easily*)	poli	➤	poli**ment** (*politely*)

- If the masculine form of the adjective ends in a consonant, take the **feminine form** of the adjective and add '**-ment**':
clair	➤	claire	➤	clair**ement** (*clearly*)
dangereux	➤	danger**euse**	➤	danger**eusement** (*dangerously*)
premier	➤	premi**ère**	➤	premi**èrement** (*firstly*)

- If the adjective ends in '**-ant**' or '**-ent**', change these to '**-amment**' or '**-emment**':
constant	➤	const**amment** (*constantly*)
évident	➤	évid**emment** (*obviously*)
négligent	➤	néglig**emment** (*carelessly*)

  Exception to this rule: lent ➤ lent**ement** (*slowly*)

- There are a small number of **irregular adverbs** you should learn by heart:
bien (*well*)	mal (*badly*)
brièvement (*briefly*)	mieux (*better*)
gentiment (*kindly/nicely*)	soudain (*suddenly*)
grièvement (*seriously*)	vite (*quickly*)

229

deux cent vingt-neuf

3.2 Special adverbs

Adverbs can also tell you how often or how much an action is done, e.g. 'She **usually** walks to school'; 'I swim **now and again**'; 'We **sometimes** go shopping'.

In these cases, there is a special 'adverb' for each of these words. Common ones are:

How often	
d'abord	at first
de temps en temps	now and again
d'habitude	usually
encore	again
parfois, quelquefois	sometimes
souvent	often

How much	
assez	enough
beaucoup	a lot
encore	more
moins	less
peu	a little/a bit

Exercise 8

Change the adjectives in brackets **into adverbs** to complete each sentence.

1. Mon père parle (courant) _____ japonais.
2. (Malheureux) _____ Barry a perdu son iPod.
3. Les journées passent (lent) _____ en hiver.
4. Ma famille va (régulier) _____ dans le comté de Mayo.
5. Nous devons parler (poli) _____ au professeur.
6. Le professeur explique (clair) _____ la question.
7. Je suis (vrai) _____ désolé, Madame.
8. Ils ont (facile) _____ trouvé* l'auberge de jeunesse.
9. Son frère travaille (sérieux) _____ pour son examen.
10. Mettez la musique (doux) _____ ! Mes parents dorment.

* Notice the position of the adverb in the 'passé composé': the adverb is placed between the helping verb and the past participle.

deux cent trente

Exercise 9

Translate the following sentences into French.

1 I often go to the cinema.

2 Usually, I go to school by bus.

3 Now and again we travel by bike.

4 They are going to visit Ireland next year.

5 I love my family a lot.

6 He does not listen enough in class.

7 She rarely watches television.

8 Sometimes they play tennis.

9 We're going to watch that DVD again this evening.

10 First of all, thank you for your present.

4 Les noms (*nouns*)

Nouns are words which name persons, places or things, e.g. 'boy, town, computer'.

4.1 Gender

In French, all nouns are divided into two groups: **masculine nouns** and **feminine nouns**. When you look up a word in the dictionary or word list, you will normally be given an indication as to whether it is masculine or feminine (**nf** = noun feminine, **nm** = noun masculine).

- In French, it is important to know whether a noun is masculine or feminine, as the words for '**a/an**' or '**the**' will vary depending on its gender (see pages 221–223).
- You also need to know whether a noun is masculine or feminine when you are using an **adjective** (see page 224).

4.2 Making nouns plural

- Normally, nouns are made **plural** by adding an '**-s**':
    - un élève (*a pupil*) ➤ des élève**s**
    - une école (*a school*) ➤ des école**s**
    - un stylo (*a pen*) ➤ des stylo**s**

- Nouns which end in '**-s**', '**-x**' or '**-z**' in the singular **do not change**:
    - une souris (*a mouse*) ➤ quatres souri**s**
    - un prix (*a price/prize*) ➤ des pri**x**
    - un nez (*a nose*) ➤ deux ne**z**

- Nouns which end in '**-au**' and '**-eau**' in the singular add an '**-x**' in the plural:
    - un cadeau (*a present*) ➤ trois cadeau**x**
    - un tuyau (*a pipe*) ➤ quatre tuyau**x**

- Nouns which end in '**-al**' in the singular usually change the '**-al**' into '**-aux**':
    - un cheval (*a horse*) ➤ des chev**aux**
    - un animal (*an animal*) ➤ des anim**aux**

- Nouns which end in '**-eu**' add an '**-x**' to make them plural:
    - un neveu (*a nephew*) ➤ des neveu**x**
    - un jeu (*a game*) ➤ des jeu**x**

- A small number of nouns which end in '**-ou**' take an '**-x**'. Ones you should know are:

  un bijou (*a jewel*) ➤ des bijou**x**
  un chou (*a cabbage*) ➤ des chou**x**
  un genou (*a knee*) ➤ des genou**x**

- There are a number of nouns which are usually used **only in the plural**:
  les cheveux (*hair*); les vacances (*holidays*); les devoirs (*homework*);
  les bestiaux (*cattle*).

- There are a few nouns which have **irregular plurals**. You must learn these:

  un œil (*an eye*) ➤ des **yeux**
  monsieur (*sir*) ➤ **messieurs**
  madame (*lady*) ➤ **mesdames**
  le ciel (*the sky, heaven*) ➤ les **cieux**

- Family names do not change in **the plural**:
  La famille Belanger ➤ les Belanger
  La maison de la famille Clavel ➤ la maison des Clavel

Exercise 10

Write the nouns in brackets in the **plural**.

1 Dans ma famille, il y a quatre (personne) _____.
2 Au port, nous avons vu plusieurs (bateau) _____.
3 Je n'ai pas de (devoir) _____ à faire ce soir.
4 Je donne à manger aux (animal) _____.
5 J'ai reçu beaucoup de (cadeau) _____ pour mon anniversaire.
6 Ma sœur adore les (cheval) _____.
7 Moi, je déteste les (souris) _____.
8 Ma sœur Cliodhna a les (œil) _____ bleus.
9 Mes (matière) _____ favorites sont les maths et le français.
10 Je m'entends bien avec mes (professeur) _____.

5 Les verbes (*verbs*)

Verbs are the key elements in all sentences. Verbs are the 'doing' words in sentences: 'Sophie **is singing**'; 'Paul **went** to town'; 'They **will arrive** at six o'clock'.

- The time at which an action is done is called the **tense**. For the Junior Certificate you need to know the present tense (*le présent*), the past continuous tense (*l'imparfait*), the past perfect tense (*le passé composé*), the future (*le futur*) and the conditional form of the verb (*le conditionnel*).

- When you look up a verb in the dictionary or word list, the form you find is called the infinitive (*l'infinitif*). This is the **basic form** of the verb. You form most of the tenses from this part of the verb.

- French verbs in the infinitive end in one of the following: '**-er**', '**-ir**', '**-re**'. There are very definite patterns which you can use for most verbs.

5.1 Le présent (*present tense*)

The present tense describes what is happening at present or what is done every day: 'I **am learning** French in school'; 'We **live** in Ireland'; 'They **cycle** to school each morning'.

- Remember, in French there is **only one form** of the present tense.

- Unlike English, in French you must **change the ending of the verb**, depending on **who** or **what** is doing the action.

To make this tense

The first step is to cross out the '**-er**', '**-ir**' or '**-re**'. Then add the **appropriate ending**.

(regard) -er	(fin) -ir	(attend) -re
je regard**e**	je fin**is**	j'attend**s**
tu regard**es**	tu fin**is**	tu attend**s**
il/elle/on regard**e**	il/elle/on fin**it**	il/elle/on attend
nous regard**ons**	nous fin**issons**	nous attend**ons**
vous regard**ez**	vous fin**issez**	nous attend**ez**
ils/elles regard**ent**	ils/elles fin**issent**	ils/elles attend**ent**

deux cent trente-quatre

- Verbs which do not follow these patterns are called **irregular verbs**. You will find a list of the most useful irregular verbs at the back of the book (pages 263–266).

- There is a group of verbs called **reflexive verbs** (*les verbes pronominaux*). These verbs have two pronouns ('**je me**, **tu te**, **il se**', etc.), but in all other respects follow the general rules of the present tense. In the dictionary or word list they will appear with '**se**' in front of the infinitive.

se laver (reflexive verb)
je **me** lave
tu **te** laves
il/elle/on **se** lave
nous **nous** lavons
vous **vous** lavez
ils/elles **se** lavent

Exercise 11

Using the **present** tense, write the **correct form** of the **verbs** in brackets.

1. Nous (travailler) _____ beaucoup en ce moment.
2. Ma mère (adorer) _____ la lecture.
3. On (finir) _____ les cours à 15h30 tous les jours.
4. J'(attendre) _____ ta visite avec impatience.
5. Nous (s'amuser) _____ _____ bien ici.
6. Je (rester) _____ ici pour une semaine.
7. Mes grands-parents (habiter) _____ à la campagne.
8. Je (se lever) _____ _____ à 7h30 le matin.
9. Jack (choisir) _____ un cadeau pour sa sœur.
10. Nous (perdre) _____ dans la ligue en ce moment.
11. Tu (aimer) _____ faire de la natation?
12. Mon frère (tondre) _____ la pelouse le week-end.

To make a negative sentence in the present

When you want to say that something is not happening or does not happen in French, you put the word '**ne**' before the verb and '**pas**' after it. '**Ne**' is shortened to '**n'**' if the verb begins with a vowel or silent '**h**'.

Examples: Je **ne** chante **pas**.   Nous **n'**aimons **pas**.   Ils **n'**attendent **pas**.

- In the case of a reflexive verb, '**ne**' is placed between the two pronouns and '**pas**' comes after the verb.

Examples: Je **ne** m'amuse **pas**.   Elle **ne** se couche **pas**.   Nous **ne** nous disputons **pas**.

deux cent trente-cinq

5.2 L'imparfait (*past continuous/imperfect tense*)

As the name suggests, this past tense is used when you want to say what '**was going on**' or what '**used to happen**' on a regular basis, e.g. 'I **used to play** hockey'; 'He **was going** down the road'; 'It **was** windy'.

▶ In this tense, there is just one rule which covers all '**-er**', '**-ir**', '**-re**' verbs and all but one of the **irregular** verbs.

To form this tense

Step 1: Find the '**nous**' form of the present tense of the verb you wish to use.
Step 2: Cross off the ending '**-ons**'.
Step 3: Add the imperfect endings, i.e. '**-ais**', '**-ais**', '**-ait**', '**-ions**', '**-iez**', '**-aient**'.

Step 1		Step 2	Step 3	
nous	travaillons	travaill~~ons~~	je	travaillais
nous	finissons	finiss~~ons~~	je	finissais
nous	attendons	attend~~ons~~	j'	attendais
nous	faisons	fais~~ons~~	je	faisais
nous nous	amusons	amus~~ons~~	je m'	amusais

The only exception to the rule is the verb '**être**'. Its imperfect form is '**j'étais**'.

Exercise 12

Using the **imperfect** tense, write the **correct form** of the **verbs** in brackets.

1 Ma mère (travailler) _____ comme coiffeuse.
2 Je (regarder) _____ les dessins animés.
3 Il (faire) _____ du vent tous les jours.
4 Mon cousin Andrew (venir) _____ chaque été en vacances avec nous.
5 Nous (finir) _____ tous les mercredis à 13h00.
6 Ma grand-mère (habiter) _____ près de chez nous.
7 Ils (être) _____ en retard pour les cours.
8 Pendant les vacances, je (se coucher) _____ à 23h00.
9 Ma tante (jouer) _____ au golf.
10 Nous (sortir) _____ tous les soirs avec nos amis.

To make a negative sentence in the imperfect

Follow the same rule that applied to the present tense, i.e. '**ne**' before the verb and '**pas**' after the verb. If the verb begins with a vowel or '**h**', the '**ne**' is shortened to '**n'**'.

Examples: Il **ne** pleuvait **pas** pendant nos vacances.
Nous **n'**étions **pas** prêts pour les examens.
Il **ne** se couchait **pas** avant minuit.

5.3 Le passé composé (*perfect tense*)

This tense is used to describe actions which happened in the past and which are now completed, e.g. 'I **watched** television at the weekend'; 'We **stayed** for two weeks'; 'They **finished** their exams'. Quite often this tense ends in '**-ed**' in English, but not always, e.g. 'We **ran** home'; 'We **saw** a good film'.

▶ The '**passé composé**' is made up of two words: a **helping verb** (or auxiliary) and a part of the verb called the **past participle**. The helping verb is always either the present tense of '**avoir**' or the present tense of '**être**'. The past participle of all '**-er**' verbs ends in '**-é**'; the past participle of most '**-ir**' verbs ends in '**-i**'; the past participle of most '**-re**' verbs ends in '**u**'.

> **Remember**
> The 'passé composé' always has **two parts**.

Examples: verbs with '**avoir**'

j'	ai	+	joué	=	j'ai joué
tu	as	+	choisi	=	tu as choisi
nous	avons	+	vendu	=	nous avons vendu

Examples: verbs with '**être**'

je	suis	+	parti	=	je suis parti
tu	es	+	allé	=	tu es allé
il	est	+	né	=	il est né

> **Remember**
> You can check the present tense of '**avoir**' on page 263.

The 'passé composé' with 'avoir'

Most verbs use '**avoir**' as the helping verb.

Examples:

travailler		
j'	**ai**	travaillé
tu	**as**	travaillé
il/elle/on	**a**	travaillé
nous	**avons**	travaillé
vous	**avez**	travaillé
ils/elles	**ont**	travaillé

choisir		
j'	**ai**	choisi
tu	**as**	choisi
il/elle/on	**a**	choisi
nous	**avons**	choisi
vous	**avez**	choisi
ils/elles	**ont**	choisi

attendre		
j'	**ai**	attendu
tu	**as**	attendu
il/elle/on	**a**	attendu
nous	**avons**	attendu
vous	**avez**	attendu
ils/elles	**ont**	attendu

Exercise 13

Using the '**passé composé**', write the **correct form** of the **verbs** in brackets.

1. Le week-end dernier, je (fêter) _____ _____ mon anniversaire.
2. Hier, nous (jouer) _____ _____ un match de volley.
3. Il y a une semaine, ma grand-mère (gagner) _____ _____ un prix au Loto.
4. L'été dernier, mon correspondant (passer) _____ _____ le mois de juillet chez nous.
5. Jeudi dernier, mes amis et moi (choisir) _____ _____ un cadeau pour Sinéad.
6. Je (attendre) _____ _____ mes amis au cinéma.
7. Tu (perdre) _____ _____ ton portable ? Quel dommage !
8. On (garder) _____ _____ de très bons souvenirs de nos vacances en France.
9. Nous (aimer) _____ _____ le chocolat chaud.
10. Je (nager) _____ _____ à la piscine du camping.

Don't forget

Helping verb + past participle

There are a small number of verbs which use '**avoir**' as the helping verb, but which have **unusual past participles**. You need to learn these.

Infinitive	➤ Past participle
avoir (*to have*)	➤ eu
boire (*to drink*)	➤ bu
connaître (*to know*)	➤ connu
devoir (*to have to*)	➤ dû
dire (*to say*)	➤ dit
écrire (*to write*)	➤ écrit
être (*to be*)	➤ été
faire (*to do/make*)	➤ fait
lire (*to read*)	➤ lu
mettre (*to put*)	➤ mis

Infinitive	➤ Past participle
offrir (*to offer/give*)	➤ offert
ouvrir (*to open*)	➤ ouvert
pouvoir (*to be able to*)	➤ pu
recevoir (*to receive/get*)	➤ reçu
prendre (*to take*)	➤ pris
rire (*to laugh*)	➤ ri
savoir (*to know*)	➤ su
tenir (*to hold/own*)	➤ tenu
voir (*to see*)	➤ vu
vouloir (*to want/wish*)	➤ voulu

Exercise 14

Using the '**passé composé**', write the **correct form** of the **verbs** in brackets.

1. Je (recevoir) _____ _____ ta carte, merci mille fois.
2. Nous (faire) _____ _____ du sport hier.
3. Tu (écrire) _____ _____ que tu aimes Justin Bieber, c'est vrai ?
4. Papa (prendre) _____ _____ le TGV à Lyon.
5. Mon ami et moi (voir) _____ _____ un film français.
6. Vous (avoir) _____ _____ des problèmes avec le vol ?
7. Tout le monde (rire) _____ _____ .
8. Mes parents (vouloir) _____ _____ acheter un nouvel ordinateur.
9. Je (lire) _____ _____ tous les romans de Harry Potter.
10. Tu (devoir) _____ _____ faire des économies pour le voyage ?

deux cent trente-neuf

The 'passé composé' with 'être'

There are two groups of verbs which always use '**être**' to make the '**passé composé**'.

▶ Group 1

The following list of verbs use '**être**'. You must learn this list.

Infinitive ▶	Past participle
aller* (to go) ▶	allé
arriver (to arrive) ▶	arrivé
descendre (to go down) ▶	descendu
entrer* (to go in) ▶	entré
monter (to go up) ▶	monté
mourir (to die) ▶	mort
naître* (to be born) ▶	né

Infinitive ▶	Past participle
partir* (to leave) ▶	parti
rester (to stay) ▶	resté
retourner (to return) ▶	retourné
sortir (to go out) ▶	sortir
tomber (to fall) ▶	tombé
venir* (to come) ▶	venu

* Compounds of these verbs also follow the same rule, e.g. 's'en aller, devenir, parvenir, revenir, repartir, rentrer, renaître'.

Group 1

je	suis	arrivé(e)
tu	es	arrivé(e)
il	est	arrivé
elle	est	arrivée
on	est	arrivé(e)(s)
nous	sommes	arrivé(e)s
vous	êtes	arrivé(e)(s)
ils	sont	arrivés
elles	sont	arrivées

As you can see, verbs with '**être**' as a helping verb are a little different from those with '**avoir**'. In this case, the spelling of the past participle depends on the **number** (*singular/plural*) and **gender** (*masculine/feminine*) of the **subject** (the person or thing doing the action).

▶ Group 2

All reflexive verbs (*verbes pronominaux*) use '**être**' to make the '**passé composé**'.

Group 2

je	me suis	couché(e)
tu	t'es	couché(e)
il	s'est	couché
elle	s'est	couchée
on	s'est	couché(e)(s)
nous	nous sommes	couché(e)s
vous	vous êtes	couché(e)(s)
ils	se sont	couchés
elles	se sont	couchées

deux cent quarante

Exercise 15

Using the 'passé composé', write the correct form of the verbs in brackets.

1. Manon (arriver) _____ _____ hier.
2. Nous (sortir) _____ _____ en ville samedi.
3. Mes amis (aller) _____ _____ en vacances en Italie.
4. Le correspondant de mon amie (venir) _____ _____ avec nous.
5. Ma petite sœur (tomber) _____ _____ de son vélo.
6. Mes parents (partir) _____ _____ en Espagne.
7. Nous (s'ennuyer) _____ _____ _____ , car il pleuvait tout le temps.
8. Ils (se lever) _____ _____ _____ à midi.
9. Vous (aller) _____ _____ dans un bon camping ?
10. Nous (s'amuser) _____ _____ bien _____ au parc Astérix.

Don't forget

Helping verb + past participle

To make a negative sentence in the 'passé composé'

▸ This time, '**ne**' and '**pas**' go **before and after** the helping verb.

Examples: Je **n'**ai **pas** regardé.
Nous **n'**avons **pas** joué.
Elle **n'**est **pas** sortie.
Nous **ne** sommes **pas** allé(e)s.

▸ In the case of a reflexive verb, '**ne**' goes between the two pronouns and '**pas**' goes **between** the helping verb and the past participle.

Examples: Je **ne** me suis **pas** ennuyé.
Ils **ne** se sont **pas** amusés.
Elle **ne** s'est **pas** couchée.

grammar summary

241

deux cent quarante-et-un

5.4 Le futur (*future tense*)

This is the tense used to say what will happen at some stage in the future, e.g. 'We **will leave** on 4 June'; 'We **will meet** at the cinema'; 'When **will** you **arrive**?'

In French, this tense is made from the **infinitive of the verb** (the form you find when you look up the verb in the dictionary or word list).

To make this tense

There is just **one set of endings** for **all verbs** in the future:

je	-ai
tu	-as
il/elle/on	-a
nous	-ons
vous	-ez
ils/elles	-ont

- For '**-er**' and '**-ir**' verbs: add these endings to the infinitive.
- For '**-re**' verbs: cross off the final '**-e**' of the infinitive and then add endings.

-er (travailler)

je	travaillerai
tu	travailleras
il/elle/on	travaillera
nous	travaillerons
vous	travaillerez
ils/elles	travailleront

-ir (finir)

je	finirai
tu	finiras
il/elle/on	finira
nous	finirons
vous	finirez
ils/elles	finiront

-re (vendre)

je	vendrai
tu	vendras
il/elle/on	vendra
nous	vendrons
vous	vendrez
ils/elles	vendront

- There are a small number of verbs which **do not use the infinitive to form their future**, but which have a special stem. You need to learn these. However, the endings as given above are used.

acheter (*to buy*)	▶ j'achèterai		faire (*to do/make*)	▶ je ferai
aller (*to go*)	▶ j'irai		pouvoir (*to be able to*)	▶ je pourrai
avoir (*to have*)	▶ j'aurai		recevoir (*to get/receive*)	▶ je recevrai
courir (*to run*)	▶ je courrai		savoir (*to know*)	▶ je saurai
devoir (*to have to*)	▶ je devrai		venir (*to come*)	▶ je viendrai
envoyer (*to send*)	▶ j'enverrai		voir (*to see*)	▶ je verrai
être (*to be*)	▶ je serai		vouloir (*to want/wish*)	▶ je voudrai

deux cent quarante-deux

Exercise 16

Using the **future** tense, write the **correct form** of the **verbs** in brackets.

1. Nous (partir) _____ le 2 juillet.
2. Je (aller) _____ le week-end prochain.
3. Il (bâtir) _____ une nouvelle maison.
4. Elles (fêter) _____ leur anniversaire mardi prochain.
5. Nous (prendre) _____ des vacances en juillet.
6. Je (faire) _____ de mon mieux.
7. Mon correspondant (arriver) _____ en août.
8. Je t'(écrire) _____ bientôt.
9. Tu (devoir) _____ réserver ton vol bientôt.
10. Ils nous (voir) _____ ce soir.
11. Il (avoir) _____ seize ans en mars.

To make a negative sentence in the future tense

Follow the same rule as for the present and imperfect tenses, i.e. put '**ne**' immediately before the verb and '**pas**' after the verb. If the verb starts with a vowel or '**h**', shorten the '**ne**' to '**n'**'.

Examples: Je **ne** passerai **pas** les examens cette année.
Nous **ne** sortirons **pas** ce soir.
Ils **n'**arriveront **pas** ce week-end.

5.5 Le futur proche (*near future*)

There is another way to talk about actions which take place in the future. We often use this in English, e.g. '**I'm going to** leave at 8 o'clock'; 'My friends **are going to** go to Spain'. We do this by using the present tense of the verb '**to go**' followed by the infinitive of the verb required. The same thing can be done in French.

je	**vais**	+	regarder
tu	**vas**	+	finir
il/elle/on	**va**	+	attendre
nous	**allons**	+	sortir
vous	**allez**	+	s'amuser
ils/elles	**vont**	+	faire

Examples: Je **vais** regarder un film ce soir.
Tu **vas** finir tes devoirs à quelle heure ?
Il/Elle/On **va** attendre le prochain train.
Nous **allons** sortir avec nos amis le week-end.
Vous **allez** vous amuser à Paris.
Ils/Elles **vont** faire une excursion au cinéma.

Exercise 17

Write the **correct form** of the **verb** (**'aller'**), to make sentences in the **'futur proche'**.

1. Je (aller) _____ te voir bientôt.
2. Nous (aller) _____ visiter le musée mercredi.
3. Ma mère (aller) _____ faire un gâteau pour mon anniversaire.
4. Ils (aller) _____ jouer au tennis demain.
5. Vous (aller) _____ être en retard pour la soirée.
6. Le vol (aller) _____ arriver à l'heure.
7. Tu (aller) _____ avoir des vacances à la campagne ?
8. Elles (aller) _____ faire de la natation à la piscine.
9. On (aller) _____ travailler d'arrache-pied pour les examens.
10. Il (aller) _____ manger dans un nouveau restaurant au port.

To make a negative sentence in the 'futur proche'

In this case, '**ne**' (or '**n'**') and '**pas**' are put before and after the part of '**aller**' you wish to use.

Examples: Je **ne** vais **pas** faire de la natation cette année.
Nous **n'**allons **pas** sortir ce week-end, nous allons rester chez nous.

deux cent quarante-quatre

5.6 Le conditionnel (*conditional*)

This is the form of the verb you use when you want to say you 'would' or 'should' do something, e.g. 'I **would love** to visit you'; 'He **would go** if he had the time, 'They **would learn** more, if they worked harder'.

To make the conditional

The conditional form is similar to the **future**, except that it uses the endings of the **imperfect**. So any rule you learned for the future tense applies to the conditional.

travailler	
je	travaillerais
tu	travaillerais
il/elle/on	travaillerait
nous	travaillerions
vous	travailleriez
ils/elles	travailleraient

finir	
je	finirais
tu	finirais
il/elle/on	finirait
nous	finirions
vous	finiriez
ils/elles	finiraient

vendre	
je	vendrais
je	vendrais
il/elle/on	vendrait
nous	vendrions
vous	vendriez
ils/elles	vendraient

Exercise 18

Using the **conditional**, write the **correct form** of the **verbs** in brackets.

1 J'(aimer) _____ aller en France.
2 Il (voyager) _____ à l'étranger, si ses parents lui donnaient la permission.
3 Nous (acheter) _____ une autre maison, si nous gagnions au Loto.
4 Mon frère te (vendre) _____ son vélo, si tu avais l'argent.
5 Nous (venir) _____, s'il faisait beau.
6 Tu (vouloir) _____ venir chez nous ?
7 (Pouvoir) _____-vous m'aider ?
8 Mon amie (faire) _____ un tour du monde, si elle avait beaucoup d'argent.
9 Ma mère (adorer) _____ aller à New York pour faire du shopping.
10 Nous (sortir) _____ au cinéma, si nous avions le temps.

To make a negative sentence in the conditional

As is done for the present, imperfect and future tenses, '**ne**' is put before the verb and '**pas**' is put after the verb. '**Ne**' is shortened to '**n'**' before a verb which starts with a vowel or '**h**'.

deux cent quarante-cinq

5.7 L'impératif (imperative)

In English, you use the imperative (or command form) when you want to tell or ask somebody to do something, e.g. '**Write** to me soon'; '**Bring** me your copies'; '**Send** my best wishes to your parents'. In French, you use the '**tu**' and '**vous**' forms of the verb. The '**nous**' form is also used when you want to suggest doing something: '**Let's** …'

To make the imperative

You use the present tense of the verb concerned, but leave out the pronouns '**tu**', '**nous**', '**vous**'. However, for '**-er**' verbs you also take away the final '**-s**' from the '**tu**' form:

	-er	-ir	-re	irregular
tu	Travaille! (*Work!*)	Finis! (*Finish!*)	Attends! (*Wait!*)	Aie! (*Have!*)
nous	Travaillons! (*Let's work!*)	Finissons!	Attendons!	Ayons!
vous	Travaillez! (*Work!*)	Finissez!	Attendez!	Ayez!

To make a negative sentence in the imperative

Place '**ne**' immediately before the verb and the '**pas**' afterwards. '**Ne**' is shortened to '**n**' if the verb starts with a vowel or '**h**'.

Exercise 19

Using the **imperative**, write the **correct form** of the **verbs** in brackets.

1. (répondre) _____-moi vite!
2. (retrouver) _____-moi à l'entrée de la gare!
3. Luc et Paul, (faire) _____ vos lits!
4. (aller) _____ au cinéma ce soir!
5. Sandrine, (écrire) _____ aussi vite que possible!
6. N'(oublier) _____ pas ton K-way!
7. (Apporter) _____ vos raquettes!
8. Monsieur Rocher, (téléphoner) _____ à votre femme ce soir!
9. (Sortir) _____ ensemble ce week-end!
10. Loïc, ne (venir) _____ pas avant six heures!

Don't forget

The '**vous**' form of '**faire**' is very irregular.

deux cent quarante-six

6 Les phrases négatives (*negative sentences*)

Besides '**ne ... pas**', there are a number of other useful negative forms which you can use when you are writing or speaking French. These are:

ne ... aucun/aucune	*not any*
ne ... jamais	*never*
ne ... ni ... ni	*neither ... nor*
ne ... nulle part	*not anywhere/nowhere*
ne ... pas du tout	*not at all*
ne ... personne	*nobody/not anybody*
ne ... plus	*no longer/not any more*
ne ... que	*only*
ne ... rien	*nothing/not anything*

▶ As with '**ne ... pas**', '**ne**' is put **in front of** the verb and the negative word comes **afterwards** in most tenses. '**Ne**' is also shortened to '**n'**' if the verb begins with a vowel or silent '**h**'.

Examples: Je **ne** joue **plus** du piano.   *I no longer play the piano.*
           Nous **n'**achetons **rien** dans ce magasin-là.   *We buy nothing in that shop.*
           Papa **ne** parle **qu'**anglais.   *Dad only speaks English.*

▶ In the '**passé composé**', '**ne**' is placed **before** the helping verb and the negative word comes **after** the helping verb.

Examples: je **n'**ai **jamais** visité l'Italie.   *I've never visited Italy.*
           Il **n'**a **rien** acheté au marché.   *He bought nothing at the market.*
           Elle **n'**a **plus** fait de natation.   *She no longer went swimming.*

▶ However, in the case of '**ne ... personne**', '**ne ... que**', '**ne ... ni ... ni**' and '**ne ... nulle part**', the second part goes after the past participle.

Examples: Je **n'**ai rencontré **personne**.   *I met nobody.*
           Nous **ne** sommes sortis **que**   *We only went out during the daytime.*
            pendant la journée.
           Je **n'**ai vu **ni** Shona **ni** Neil.   *I didn't see either Shona or Neil.*
           Il **n'**a trouvé ses lunettes **nulle part**. *He did not find his glasses anywhere.*

247

deux cent quarante-sept

Exercise 20

Fill in the blanks in these sentences using a **negative** phrase.

1 Je _____ regarde _____ la télévision avant vingt heures. (*never*)
2 Il _____ sort _____ avec nous. (*no longer*)
3 Nous _____ connaissons _____ qui apprend le chinois. (*nobody*)
4 Ils _____ achètent _____ au supermarché. (*nothing*)
5 Je _____ ai vu _____ Christine _____ Marie-Claire à la discothèque. (*neither … nor …*)
6 Malheureusement, il _____ y a _____ boulot pour moi dans le restaurant. (*not any*)
7 Ils _____ ont _____ entendu qu'ils aimaient. (*nothing*)
8 Il _____ reste _____ de gâteau. (*no more*)
9 Je _____ ai vu _____ que je connais au restaurant. (*nobody*)
10 Elle _____ lit _____ des romans policiers. (*only*)

deux cent quarante-huit

7 Les prépositions (*prepositions*)

Prepositions are small words which are often used to indicate the position of something in relation to something else, e.g. 'They live **opposite** us'; 'Our house is **on** a housing estate', 'We camped **beside** the lake'.

7.1 À (*to, at*)

- The preposition 'à' is always used before the name of a town.

Examples: J'habite à Waterford.   Le lac se trouve à Athlone.
Il travaille à Galway.   Ils vont à La Rochelle en vacances.

- It is also used to mean '**to**' before someone's name.

Examples: J'ai envoyé une carte à Noémie. Dis 'bonjour' à Félix pour moi!

- But if you need to say '**to the**' or '**at the**' you have a choice of forms to use: '**au**', '**à la**', '**à l'**' or '**aux**'. As usual, look at the **gender** and **number of the noun** which follows the preposition.

Which form will I use?

	masculine singular noun	feminine singular noun	masculine/feminine before a noun starting with a vowel or silent 'h'	all plural nouns
to the/at the	au	à la	à l'	aux

Exercise 21

Write the **correct form** of '**à**' in the following sentences.

1. Mon père travaille _____ Limerick.
2. Je vais _____ école en car.
3. Je te retrouverai _____ café Luna.
4. Mon amie Jeanne habite _____ campagne.
5. Nous nous retrouverons _____ centre commercial.
6. Ils arriveront _____ aéroport.
7. Est-ce que tu voudrais venir _____ piscine avec nous?
8. Grand-père a dû aller _____ hôpital.

7.2 De (*of, from*)

The preposition 'de' is used **before a proper noun** (nouns which are the **names of people or places** – you will recognise them by the capital letter) or when you need to say '**of**' or '**from**' a person or thing.

Examples: Le port de Cork.
La sœur de Miriam.
Richard vient de Skerries.

If you need to say '**of the**' or '**from the**', there are **four** forms.

Which form will I use?

	masculine singular noun	feminine singular noun	masculine/feminine before a noun starting with a vowel or silent 'h'	all plural nouns
of the/from the	**du**	**de la**	**de l'**	**des**

Exercise 22

Write the **correct form** of '**de**' in the following sentences.

1. Shona est l'amie _____ Deirdre et Maeve.
2. Je resterai _____ seize juin au quatorze août.
3. Je te verrai à côté _____ bibliothèque.
4. Elle arrive _____ États-Unis.
5. Je suis l'aîné _____ famille.
6. St. Kevin's est le nom _____ école.
7. Le professeur a envoyé Jack au bureau _____ proviseur.
8. Nous avons visité le château _____ Versailles.
9. Les légumes viennent _____ fermes des environs.
10. Je fais des achats dans les magasins _____ quartier.
11. C'est la maison _____ cousins de Monique.
12. Nous te verrons au coin _____ marché.

deux cent cinquante

7.3 Other useful prepositions

à côté de*	beside, next to
à droite de*	to the right of
à gauche de*	to the left of
à travers	across
au bord de*	on the edge of/beside

avec	with
contre	against
dans	in
devant	in front of
en face de*	opposite/facing

au centre de*	in the centre of
au milieu de*	in the middle of
après	after
aux environs de*	near, around
avant	before (time)

entre	between
hors de*	beyond
près de*	near
sous	under
sur	on, on top of

Don't forget your rules for 'de', e.g. 'en face du cinéma'; 'à côté de la gare'; 'près des magasins'.

Always look at the gender and number of the noun which follows the preposition.

Examples: L'hôtel se trouve au centre **de la** ville.
La pharmacie est au milieu **du** centre commercial.
J'habite tout près **de l'**école.
Nous avons marché au bord **des** bois.

Exercise 23

Choose a suitable **preposition** for each of these sentences. Try to use a different preposition each time.

1. J'habite _____ une grande ville en Irlande.
2. Ma maison est située _____ du village.
3. La bibliothèque se trouve _____ la ville.
4. Notre école est située _____ la mer.
5. Le camping est _____ du lac.
6. _____ la cuisine, c'est le séjour.
7. Il y a beaucoup de magasins _____ le centre commercial.
8. Je vais à la MJC _____ mes amis.
9. _____ notre maison, il y a un joli jardin.
10. Je rentre _____ mes cours.

8 Les pronoms (*pronouns*)

A pronoun is a word which replaces a noun already referred to, e.g. 'The teacher spoke to **them**'; 'I like **her**'; 'Send **it** soon'; '**He** came home'. Pronouns can be used as the **subject** of a sentence or as the **object** of a sentence.

8.1 Les pronoms personnels sujet

je	*I*
tu	*you (singular)*
il	*he (or it)*
elle	*she (or it)*
on	*someone/somebody (or we)*
nous	*we*
vous	*you (plural)*
ils	*they (masculine or mixed gender)*
elles	*they (feminine gender)*

Remember

You probably learned these pronouns when you first started French and are quite used to them. They refer to the person or thing doing the action, e.g. 'she works' (**elle** travaille); 'they speak' (**ils** parlent).

8.2 Les pronoms complément d'objet direct et d'objet indirect

There are **two** groups of object pronouns:
- Direct object pronouns
- Indirect object pronouns

Direct object pronouns (*pronoms complément d'objet direct*)

- A direct object pronoun is used when the action is done **directly** to the person or thing, e.g. 'I see **her**'; 'We watch **them**'; 'I thank **you**'.
- In French, pronouns are put directly **before the verb**. If the verb starts with a vowel or silent '**h**', '**me, te, le**' and '**la**' are shortened to '**m**', **t'**, **l'**'.

Direct object pronouns	
me	*me*
te	*you*
le	*him/it*
la	*her/it*
nous	*us*
vous	*you*
les	*them*

Examples:

Je range ma chambre.	▶	Je **la** range.
Paul trouve son cahier.	▶	Paul **le** trouve.
Nous écoutons les CD.	▶	Nous **les** écoutons.
J'adore la musique de ce groupe.	▶	Je **l'**adore.
Le prof gronde Marie et moi.	▶	Le prof **nous** gronde.

deux cent cinquante-deux

In the 'passé composé', the **direct object pronoun** is put **before** the helping verb.

Examples: J'ai aimé le camping. ➤ Je **l'**ai aimé.
Il a acheté le vélo rouge. ➤ Il **l'**a acheté.
Nous avons attendu le train. ➤ Nous **l'**avons attendu.

When a direct object pronoun stands in front of a verb in the 'passé composé', the spelling of the past participle sometimes has to be altered. You deal with the participle as if it were an adjective, i.e. you add an '**-e**' to make it feminine singular, an '**-s**' to make it masculine plural and an '**-es**' to make it feminine plural.

Examples: J'ai reçu ta carte. ➤ Je **l'**ai reçu**e**. ('carte' is fem. sing.)
Ma mère a fait des sandwichs. ➤ Ma mère **les** a fait**s**.
('sandwichs' is masc. pl.)

Nous avons adoré les tartes au citron. ➤ Nous **les** avons ador**ées**.
('tartes' is fem. pl.)

Exercise 24

Replace the underlined words by a **direct object pronoun** and put it in the correct place.

1 Je fais <u>les devoirs</u> le soir.
_____

2 Mon frère adore <u>le football</u>.
_____

3 Ma sœur regarde <u>la télévision</u>.
_____

4 Nous apprenons <u>les langues</u>.
_____

5 Je porte <u>mon K-way</u> quand il pleut.
_____

6 Tu as vu <u>Julien</u> cet été ?
_____

7 Mon amie a pris <u>le bus</u> pour aller à Cork.
_____

8 Maman a écouté <u>la musique</u> sur son iPod.
_____

9 Le professeur a attendu <u>Julie et moi</u> à la porte.
_____

10 Ma grand-mère adore <u>les croissants français</u>.
_____

Indirect object pronouns (*pronoms complément d'objet indirect*)

Indirect object pronouns	
me	to/for me
te	to/for you
lui	to/for him/it
lui	to/for her/it
nous	to us
vous	to you
leur	to them

An indirect object pronoun is used when the action is done **indirectly** to the object, e.g. 'She gave a present **to me**'; We send good wishes **to you**'; 'I bought a present **for her**'. '**Me**' and '**te**' are shortened to '**m'**' and '**t''** before a vowel or silent '**h**'. '**Lui**' is **never** shortened.

Examples: J'offre un cadeau <u>à Maman</u>.   ➤ Je **lui** offre un cadeau.
Camille prête de l'argent (<u>à moi</u>).   ➤ Camille **me** prête de l'argent.
Je téléphonerai <u>à mon cousin</u> ce soir. ➤ Je **lui** téléphonerai ce soir.
J'écrirai <u>à vos parents</u>.   ➤ Je **leur** écrirai.
J'ai acheté un roman en anglais <u>pour toi</u>. ➤ Je **t'**ai acheté un roman en anglais.

In the case of an **indirect object pronoun**, there is **no need to change the spelling** of the past participle in the '*passé composé*'.

Exercise 25

Replace the underlined word/s with an **indirect object pronoun** and put it in the correct place.

1 J'écrirai <u>à vos parents</u> bientôt.

2 Ma grand-mère achète un billet pour le concert <u>pour moi</u>.

3 Nous enverrons un mél <u>à Tony</u> ce soir.

4 Il passera un coup de fil (<u>à toi</u>) demain.

5 Je dis 'merci' <u>à tes parents</u>.

6 Le professeur a retourné les cahiers (<u>à nous</u>).

7 Je donne un coup de main <u>à mon grand-père</u>.

8 Nous avons envoyé l'heure de notre arrivée <u>à Madame Lejeune</u>.

9 J'ai souvent parlé <u>à mon petit ami</u>.

10 Mon prof de français a donné de bonnes notes (<u>à moi</u>).

8.3 To make a negative sentence with an object pronoun

Because the object pronoun is now directly in front of the verb, '**ne**' has to move to the left to make room for the pronoun. '**Pas**' is still placed after the verb.

Examples: Je **ne** l'aime **pas**.
Nous **ne** vous attendrons **pas**.
Ils **ne** nous ont **pas** écoutés.

8.4 Les pronoms 'en'/'y'

The pronoun 'en'

'**En**' is used when you want to say '**of it**', '**of them**', or '**some of it**', '**some of them**'. As you have learned before, this pronoun is placed **in front of the verb**.

Examples: Je bois beaucoup d'eau. ➤ J'**en** bois beaucoup.
Tu manges de la viande tous les jours? ➤ Tu **en** manges tous les jours?
Il a reçu de l'argent? ➤ Il **en** a reçu?
J'apporterai des magazines avec moi. ➤ J'**en** apporterai avec moi.

The pronoun 'y'

'**Y**' is usually used when you want to replace the name of a place with a pronoun. It is generally translated as '**there**'. '**Y**' is placed in front of the verb.

Examples: Je vais souvent à la piscine. ➤ J'**y** vais souvent.
Tu vas au cinéma avec nous? ➤ Tu **y** vas avec nous?

Exercise 26

Replace the underlined words with either '**en**' or '**y**' and put it in the correct place.

1. J'ai lu beaucoup de magazines français. _____
2. Ma mère va souvent à la salle de gymnase. _____
3. Nous allons tous les jours à l'école. _____
4. Ils ont acheté beaucoup de vêtements pour le voyage. _____
5. Tu vas au cinéma ce soir? _____
6. Nous allons en ville ce soir! _____
7. Nous mangeons rarement du poisson chez nous. _____
8. En France, nous avons acheté des croissants. _____
9. Ma grand-mère fait du pain complet. _____
10. Vous allez au marché avec moi? _____

8.5 Order of pronouns in a sentence

Sometimes more than one pronoun is used in a sentence. They are put **in front of the verb** in the following order:

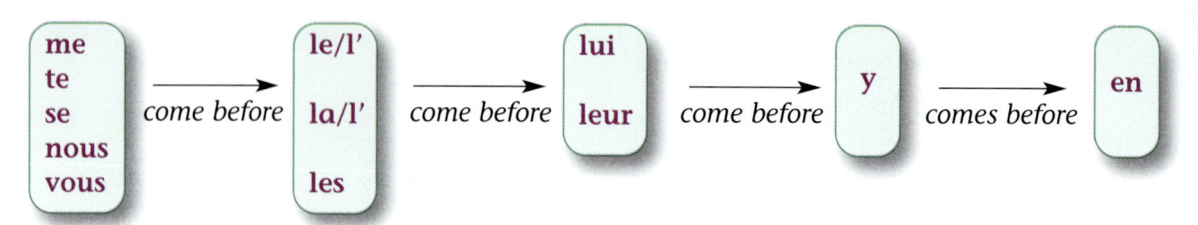

| me / te / se / nous / vous | *come before* | le/l' / la/l' / les | *come before* | lui / leur | *come before* | y | *comes before* | en |

Examples: Je **te les** enverrai la semaine prochaine. ➤ *I'll send them to you next week.*
Nous **vous y** rencontrerons demain. ➤ *We'll meet you there tomorrow.*
Maman **lui en** a demandé quelques-uns. ➤ *Mam asked him for some of them.*

8.6 Les pronoms relatifs (*relative pronouns*) 'qui/que/dont'

Qui

'**Qui**' is used to link two parts of a sentence together, or to join two short sentences together to make a longer one, where the person or thing referred to is the **subject** of the sentence.

When you are talking about people, '**qui**' means '**who**'. When you are talking about places or things, '**qui**' means '**that**' or '**which**'. '**Qui**' is **never** shortened.

Examples: Ma meilleure amie, **qui** s'appelle Aisling, a quinze ans.
J'habite dans une ville **qui** se trouve à la campagne.
C'est une maison moderne **qui** a un grand jardin.

Que

'**Que**' is also used to link two parts of a sentence together, or to join two short sentences to make a longer one, where the person or thing referred to is the **object** of the sentence. '**Que**' is used to mean '**which/whom**' or '**that**'. It can refer to people or things and places.

In English, we sometimes leave out the '**which**' or '**that**', but you **must always** use it in French.

'**Que**' can be shortened to '**qu'**' before a vowel or silent '**h**'.

Examples: Le français est la matière **que** j'aime le plus.
Monsieur O'Brien est un professeur **que** nous respectons beaucoup.
Le hurling est le sport **qu'**il joue le plus souvent.

deux cent cinquante-six

Dont

'**Dont**' is used to join two parts of a sentence or to join two short sentences together. It can be translated as '**whose**', '**of whom**', '**about which**', '**about whom**'. It refers back to somebody or something you were already speaking about.

Examples: Caoimhe est la fille **dont** le père est mon parrain.
Caoimhe is the girl whose dad is my godfather.

C'est le roman **dont** je vous ai parlé.
It's the novel about which I talked to you.

Exercise 27

Fill in the gaps in the following sentences with a **relative pronoun**.

1 Merci pour le cadeau _____ tu m'as envoyé.
2 Nous restons dans un hôtel _____ se trouve au bord du lac.
3 Je t'envoie les magazines _____ j'ai déjà parlé.
4 Je prends le train _____ va en ville.
5 L'anglais est la matière _____ je n'aime pas beaucoup.
6 Nous habitons un appartement _____ se trouve au quatrième étage de l'immeuble.
7 J'ai goûté les escargots _____ étaient délicieux.
8 Mon cousin, _____ les parents sont en vacances, loge chez nous.
9 J'ai vu votre annonce _____ m'intéresse beaucoup.
10 Quels sont les fruits _____ tu n'aimes pas ?

9 Poser des questions (asking questions)

It is useful to be able to ask questions in the Written Expression section of the Junior Certificate, either in the letter or perhaps in the postcard or message. There are a number of ways of doing this.

9.1 Using a question mark

Simply write the sentence and put a **question mark at the end** of it. If you were speaking, you would **raise your voice**.

Examples: Tu as des frères et des sœurs ?

Ils aiment la musique ?

Ta grand-mère va mieux ?

Tip
This is the easiest way to form a question in French but it is informal.

9.2 Changing the word order

Change the word order of the sentence by putting the **verb before the subject** (the person or thing doing the action). We do this quite often in English. Instead of saying 'You are going', the question is made by saying '**Are you** going?'; 'You will arrive at ten' becomes '**Will you** arrive at ten?'

▶ You can do the same in French. Join the verb and subject together with a hyphen.

Examples:
Tu vas en ville. ➤ **Vas-tu** en ville ?
Tu as des animaux. ➤ **As-tu** des animaux ?
Tu joues d'un instrument. ➤ **Joues-tu** d'un instrument ?
Vous servez le petit déjeuner. ➤ **Servez-vous** le petit déjeuner ?

Remember
Don't forget to put in the question mark!

deux cent cinquante-huit

- Sometimes you need to put in an **extra** '**t**', to make the pronunciation simpler. This is done in the third person singular ('il/elle/on') if the verb ends in a vowel.

Examples: **A-t-il** un billet ?
Mange-t-elle des œufs ?
Parle-t-on anglais dans ta famille ?
Arrivera-t-il à l'heure ?
Choisira-t-elle de rester chez nous ?

- In the '**passé composé**' you **change the word order** of the **helping verb** and the **subject**.

Examples: Tu as reçu mon dernier mél. ➤ **As-tu** reçu mon dernier mél ?
Elle a lu les romans de Tara Duncan. ➤ **A-t-elle** lu les romans de Tara Duncan ?
Ils sont partis hier soir. ➤ **Sont-ils** partis hier soir ?

9.3 Using 'est-ce que ?'

Use the little phrase '**est-ce que**' **at the start of the sentence** and put a **question mark at the end**. You do not need to change the word order of the sentence.

Examples: **Est-ce que** tu aimes le sport ?
Est-ce que ta mère va mieux ?
Est-ce qu'ils vont au cinéma ?
Est-ce que tu viens avec nous ?

9.4 Using 'n'est-ce pas ?'

You can turn a sentence into a question by putting the phrase '**n'est-ce pas ?**' at the end of the sentence. In spoken French, people often use '**non ?**' rather than '**n'est-ce pas ?**'

Examples: Tu habites dans la banlieue, **non ?**
Vous avez une piscine dans votre camping, **non ?**
Les chats sont mignons, **n'est-ce pas ?**
On ouvre le samedi, **n'est-ce pas ?**

> **Remember**
>
> This is similar to saying 'isn't that so?' in English.

Exercise 28

Change the following sentences into **questions** (use a variety of question forms).

1. Tu as des projets pour le week-end.
   Quels sont tes projets pour le week-end ?
2. Vous avez acheté des billets pour le concert.
   Où avez-vous acheté des billets ?
3. La bibliothèque est par ici.
   Où est la bibliothèque ?
4. Tes amis viennent avec nous.
   Qui vient avec nous ?
5. Vous pouvez m'envoyer des brochures sur votre camping.
6. Tu voudrais venir au cinéma avec nous.
7. Tes copains aiment faire du sport.
8. Tu as passé de bonnes vacances.
9. L'italien est difficile.
10. Elle a perdu son portable.

9.5 Common question words

Don't forget that there are words such as '**when**' and '**where**' which also introduce a question. The common question words in French are:

combien de/d'	how many
comment	how
lequel/laquelle	which (one) of
lesquels/lesquelles	which (ones) of
où	where
pourquoi	why
quand	when
que/quoi	what
quel/quelle	which (one)
quels/quelles	which (ones)
qui	who

Exercise 29

Use a suitable **question word** to complete the following questions.

1. _____ se trouve ton école ?
2. _____ vont tes parents ?
3. _____ est-ce tu vas arriver ?
4. _____ émission de télévision préfères-tu ?
5. _____ est-ce que ton professeur a annulé le voyage ?
6. C'est _____, ton anniversaire ?
7. _____ s'appelle ton prof d'anglais cette année ?
8. _____ est ta matière favorite ?
9. Le football ou le rugby – _____ joue-t-on dans ta ville ?
10. Tu apprends _____ langues ?

deux cent soixante et un

To sum up the Grammar

Tips for your exam

Beforehand
- **Do learn** the endings for the five main tenses by heart.
- **Do know** the correct forms of the main irregular verbs.
- **Do remember!** Grammar rules are there to help you, not to cause you trouble!

Before you hand up a piece of written work
- **Do check** you have used the correct tense in each sentence.
- **Do make sure** you have used the right ending for each verb.
- **Do use** the correct form of the adjective – check whether the noun it describes is singular/plural, masculine/feminine.
- **Do put** the adjective in the correct place.
- **Do write** the 'ne … pas' in the correct place.
- **Do remember** to put the adverb in the correct place beside the verb it describes.
- **Do use** the correct form of 'le/la/l'/les', 'un/une/des', 'du/de la/de l'/des', 'au/à la/à l'/aux'.
- **Don't hand up** a piece of written work without checking all of the above.
- **Don't forget** to leave yourself enough time to do this check.

deux cent soixante-deux

Table of Verbs

INFINITIF	PRÉSENT	IMPARFAIT	PASSÉ COMPOSÉ	FUTUR	CONDITIONNEL
aller *to go*	je vais tu vas il/elle/on va nous allons vous allez ils/elles vont	j' allais tu allais il/elle/on allait nous allions vous alliez ils/elles allaient	je suis allé(e) tu es allé(e) il est allé elle est allée on est allé(e)(s) nous sommes allé(e)s vous êtes allé(e)(s) ils sont allés / elles sont allées	j' irai tu iras il/elle/on ira nous irons vous irez ils/elles iront	j' irais tu irais il/elle/on irait nous irions vous iriez ils/elles iraient
avoir *to have*	j' ai tu as il/elle/on a nous avons vous avez ils/elles ont	j' avais tu avais il/elle/on avait nous avions vous aviez ils/elles avaient	j' ai eu tu as eu il/elle/on a eu nous avons eu vous avez eu ils/elles ont eu	j' aurai tu auras il/elle/on aura nous aurons vous aurez ils/elles auront	j' aurais tu aurais il/elle/on aurait nous aurions vous auriez ils/elles auraient
boire *to drink*	je bois tu bois il/elle/on boit nous buvons vous buvez ils/elles boivent	je buvais tu buvais il/elle/on buvait nous buvions vous buviez ils/elles buvaient	j' ai bu tu as bu il/elle/on a bu nous avons bu vous avez bu ils/elles ont bu	je boirai tu boiras il/elle/on boira nous boirons vous boirez ils/elles boiront	je boirais tu boirais il/elle/on boirait nous boirions vous boiriez ils/elles boiraient
comprendre *to understand*	je comprends tu comprends il/elle/on comprend nous comprenons vous comprenez ils/elles comprennent	je comprenais tu comprenais il/elle/on comprenait nous comprenions vous compreniez ils/elles comprenaient	j' ai compris tu as compris il/elle/on a compris nous avons compris vous avez compris ils/elles ont compris	je comprendrai tu comprendras il/elle/on comprendra nous comprendrons vous comprendrez ils/elles comprendront	je comprendrais tu comprendrais il/elle/on comprendrait nous comprendrions vous comprendriez ils/elles comprendraient
connaître *to know* *(people /* *places)*	je connais tu connais il/elle/on connaît nous connaissons vous connaissez ils/elles connaissent	je connaissais tu connaissais il/elle/on connaissait nous connaissions vous connaissiez ils/elles connaissaient	j' ai connu tu as connu il/elle/on a connu nous avons connu vous avez connu ils/elles ont connu	je connaîtrai tu connaîtras il/elle/on connaîtra nous connaîtrons vous connaîtrez ils/elles connaîtront	je connaîtrais tu connaîtrais il/elle/on connaîtrait nous connaîtrions vous connaîtriez ils/elles connaîtraient
devoir *to have to* *(must)*	je dois tu dois il/elle/on doit nous devons vous devez ils/elles doivent	je devais tu devais il/elle/on devait nous devions vous deviez ils/elles devaient	j' ai dû tu as dû il/elle/on a dû nous avons dû vouz avez dû ils/elles ont dû	je devrai tu devras il/elle/on devra nous devrons vous devrez ils/elles devront	je devrais tu devrais il/elle/on devrait nous devrions vous devriez ils/elles devraient

grammar summary

deux cent soixante-trois

INFINITIF	PRÉSENT	IMPARFAIT	PASSÉ COMPOSÉ	FUTUR	CONDITIONNEL
dire to say / to tell	je dis tu dis il/elle/on dit nous disons vous dites ils/elles disent	je disais tu disais il/elle/on disait nous disions vous disiez ils/elles disaient	j' ai dit tu as dit il/elle/on a dit nous avons dit vous avez dit ils/elles ont dit	je dirai tu diras il/elle/on dira nous dirons vous direz ils/elles diront	je dirais tu dirais il/elle/on dirait nous dirions vous diriez ils/elles diraient
écrire to write	j' écris tu écris il/elle/on écrit nous écrivons vous écrivez ils/elles écrivent	j' écrivais tu écrivais il/elle/on écrivait nous écrivions vous écriviez ils/elles écrivaient	j' ai écrit tu as écrit il/elle/on a écrit nous avons écrit vous avez écrit ils/elles ont écrit	j' écrirai tu écriras il/elle/on écrira nous écrirons vous écrirez ils/elles écriront	j' écrirais tu écrirais il/elle/on écrirait nous écririons vous écririez ils/elles écriraient
envoyer to send	j' envoie tu envoies il/elle/on envoie nous envoyons vous envoyez ils/elles envoient	j' envoyais tu envoyais il/elle/on envoyait nous envoyions vous envoyiez ils/elles envoyaient	j' ai envoyé tu as envoyé il/elle/on a envoyé nous avons envoyé vous avez envoyé ils/elles ont envoyé	j' enverrai tu enverras il/elle/on enverra nous enverrons vous enverrez ils/elles enverront	j' enverrais tu enverrais il/elle/on enverrait nous enverrions vous enverriez ils/elles enverraient
être to be	je suis tu es il/elle/on est nous sommes vous êtes ils/elles sont	j' étais tu étais il/elle/on était nous étions vous étiez ils/elles étaient	j' ai été tu as été il/elle/on a été nous avons été vous avez été ils/elles ont été	je serai tu seras il/elle/on sera nous serons vous serez ils/elles seront	je serais tu serais il/elle/on serait nous serions vous seriez ils/elles seraient
faire to do / to make	je fais tu fais il/elle/on fait nous faisons vous faites ils/elles font	je faisais tu faisais il/elle/on faisait nous faisions vous faisiez ils/elles faisaient	j' ai fait tu as fait il/elle/on a fait nous avons fait vous avez fait ils/elles ont fait	je ferai tu feras il/elle/on fera nous ferons vous ferez ils/elles feront	je ferais tu ferais il/elle/on ferait nous ferions vous feriez ils/elles feraient
lire to read	je lis tu lis il/elle/on lit nous lisons vous lisez ils/elles lisent	je lisais tu lisais il/elle/on lisait nous lisions vous lisiez ils/elles lisaient	j' ai lu tu as lu il/elle/on a lu nous avons lu vous avez lu ils/elles ont lu	je lirai tu liras il/elle/on lira nous lirons vous lirez ils/elles liront	je lirais tu lirais il/elle/on lirait nous lirions vous liriez ils/elles liraient

INFINITIF	PRÉSENT	IMPARFAIT	PASSÉ COMPOSÉ	FUTUR	CONDITIONNEL
mettre *to put*	je mets tu mets il/elle/on met nous mettons vous mettez ils/elles mettent	je mettais tu mettais il/elle/on mettait nous mettions vous mettiez ils/elles mettaient	j' ai mis tu as mis il/elle/on a mis nous avons mis vous avez mis ils/elles ont mis	je mettrai tu mettras il/elle/on mettra nous mettrons vous mettrez ils/elles mettront	je mettrais tu mettrais il/elle/on mettrait nous mettrions vous mettriez ils/elles mettraient
partir *to leave /* *to depart*	je pars tu pars il/elle/on part nous partons vous partez ils/elles partent	je partais tu partais il/elle/on partait nous partions vous partiez ils/elles partaient	je suis parti(e) tu es parti(e) il est parti elle est partie on est parti(e)s nous sommes parti(e)s vous êtes parti(e)(s) ils sont partis elles sont parties	je partirai tu partiras il/elle/on partira nous partirons vous partirez ils/elles partiront	je partirais tu partirais il/elle/on partirait nous partirions vous partiriez ils/elles partiraient
pleuvoir *to rain*	il pleut	il pleuvait	il a plu	il pleuvra	il pleuvrait
pouvoir *to be* *able to*	je peux tu peux il/elle/on peut nous pouvons vous pouvez ils/elles peuvent	je pouvais tu pouvais il/elle/on pouvait nous pouvions vous pouviez ils/elles pouvaient	j' ai pu tu as pu il/elle/on a pu nous avons pu vous avez pu ils/elles ont pu	je pourrai tu pourras il/elle/on pourra nous pourrons vous pourrez ils/elles pourront	je pourrais tu pourrais il/elle/on pourrait nous pourrions vous pourriez ils pourraient
prendre *to take*	je prends tu prends il/elle/on prend nous prenons vous prenez ils/elles prennent	je prenais tu prenais il/elle/on prenait nous prenions vous preniez ils/elles prenaient	j' ai pris tu as pris il/elle/on a pris nous avons pris vous avez pris ils/elles ont pris	je prendrai tu prendras il/elle/on prendra nous prendrons vous prendrez ils/elles prendront	je prendrais tu prendrais il/elle/on prendrait nous prendrions vous prendriez ils/elles prendraient
recevoir *to get /* *to receive*	je reçois tu reçois il/elle/on reçoit nous recevons vous recevez ils/elles reçoivent	je recevais tu recevais il/elle/on recevait nous recevions vous receviez ils/elles recevaient	j' ai reçu tu as reçu il/elle/on a reçu nous avons reçu vous avez reçu ils/elles ont reçu	je recevrai tu recevras il/elle/on recevra nous recevrons vous recevrez ils/elles recevront	je recevrais tu recevrais il/elle/on recevrait nous recevrions vous recevriez ils/elles recevraient

grammar summary

deux cent soixante-cinq

INFINITIF	PRÉSENT	IMPARFAIT	PASSÉ COMPOSÉ	FUTUR	CONDITIONNEL
savoir *to know* *(information/* *knowledge)*	je sais tu sais il/elle/on sait nous savons vous savez ils/elles savent	je savais Tu savais il/elle/on savait nous savions vous saviez ils/elles savaient	j' ai su tu as su il/elle/on a su nous avons su vous avez su ils/elles ont su	je saurai tu sauras il/elle/on saura nous saurons vous saurez ils/elles sauront	je saurais tu saurais il/elle/on saurait nous saurions vous sauriez ils/elles sauraient
sortir *to go out*	je sors tu sors il/elle/on sort nous sortons vous sortez ils/elles sortent	je sortais tu sortais il/elle/on sortait nous sortions vous sortiez ils/elles sortaient	je suis sorti(e) tu es sorti(e) il est sorti elle est sortie on est sorti(e)(s) nous sommes sorti(e)s vous êtes sorti(e)(s) ils sont sortis elles sont sorties	je sortirai tu sortiras il/elle/on sortira nous sortirons vous sortirez ils/elles sortiront	je sortirais tu sortirais il/elle/on sortirait nous sortirions vous sortiriez ils/elles sortiraient
tenir *to hold*	je tiens tu tiens il/elle/on tient nous tenons vous tenez ils/elles tiennent	je tenais tu tenais il/elle/on tenait nous tenions vous teniez ils/elles tenaient	j' ai tenu tu as tenu il/elle/on a tenu nous avons tenu vous avez tenu ils/elles ont tenu	je tiendrai tu tiendras il/elle/on tiendra nous tiendrons vous tiendrez ils/elles tiendront	je tiendrais tu tiendrais il/elle/on tiendrait nous tiendrions vous tiendriez ils/elles tiendraient
venir *to come*	je viens tu viens il/elle/on vient nous venons vous venez ils/elles viennent	je venais tu venais il/elle/on venait nous venions vous veniez ils/elles venaient	je suis venu(e) tu es venu(e) il est venu elle est venue on est venu(e)(s) nous sommes venu(e)s vous êtes venu(e)(s) ils sont venus elles sont venues	je viendrai tu viendras il/elle/on viendra nous viendrons vous viendrez ils/elles viendront	je viendrais tu viendrais il/elle/on viendrait nous viendrions vous viendriez ils/elles viendraient
voir *to see*	je vois tu vois il/elle/on voit nous voyons vous voyez ils/elles voient	je voyais tu voyais il/elle/on voyait nous voyions vous voyiez ils/elles voyaient	j' ai vu tu as vu il/elle/on a vu nous avons vu vous avez vu ils/elles ont vu	je verrai tu verras il/elle/on verra nous verrons vous verrez ils/elles verront	je verrais tu verrais il/elle/on verrait nous verrions vous verriez ils/elles verraient
vouloir *to want /* *to wish*	je veux tu veux il/elle/on veut nous voulons vous voulez ils/elles veulent	je voulais tu voulais il/elle/on voulait nous voulions vous vouliez ils/elles voulaient	j' ai voulu tu as voulu il/elle/on a voulu nous avons voulu vous avez voulu ils/elles ont voulu	je voudrai tu voudras il/elle/on voudra nous voudrons vous voudrez ils/elles voudront	je voudrais tu voudrais il/elle/on voudrait nous voudrions vous voudriez ils/elles voudraient

deux cent soixante-six